AF533228

Rupert Berndl

Als die Eisenbahn in den Wald kam

Rupert Berndl
ALS DIE EISENBAHN
IN DEN WALD KAM
Eine Erfolgsgeschichte
aus dem Bayerischen Wald
SüdOst Verlag

Bibliografische Information der Deutschen Nationalbibliothek

Die Deutsche Nationalbibliothek verzeichnet diese Publikation in der Deutschen Nationalbibliografie; detaillierte bibliografische Daten sind im Internet über http://dnb.dnb.de abrufbar.
ISBN 978-3-95587-750-7

1. Auflage 2019
ISBN 978-3-95587-750-7

www.battenberg-gietl.de

Inhaltsangabe

Zur Einführung

Die Eisenbahn – eine Erfolgsgeschichte

Zum Schluss

Anhang

Zur Einführung

Das 19. Jahrhundert war eine sehr bewegte, unruhige Zeit und brachte für die Bevölkerung viele einschneidende Veränderungen mit sich. Gleich zu Beginn überzog Napoleon mit seiner Armee ganz Europa mit zahlreichen Schlachten. In wechselnden Allianzen stellten sich ihm Österreich, Preußen, England und Russland entgegen. Wer sich mit Napoleon verbündete, musste zwar für die von ihm geführten Kriege Soldaten stellen, konnte aber im Gegenzug mit allerhand Vergünstigungen rechnen. Manche Herrscher über Kleinstaaten bekamen deshalb eroberte Gebiete zugesprochen oder wurden zu Königen ernannt. Auf diese Weise wurde auch aus dem ehemaligen Kurfürstentum das Königreich Bayern.

1803 gehen durch den so genannten Reichsdeputationshauptschluss sämtliche Kirchengüter in den Besitz des Staates über. Durch die Säkularisation wird die Kirche dem Staat untergeordnet.

1815 wird Napoleon in der Schlacht von Waterloo endgültig geschlagen. Der Wiener Kongress beschließt die Neuordnung Europas. Die Zeit des Biedermeier beginnt. Das Bürgertum gewinnt an Macht und Einfluss.

1816 und die folgenden zwei Jahre sind Missernten und Hungersnöte die Auslöser für eine erste Auswanderungswelle nach Osteuropa und Amerika.

1848 wird Deutschland von der so genannten Märzrevolution erschüttert. Darauf berät eine erste Nationalversammlung über die allgemeinen Grundrechte.

1870 wird Frankreich in der Schlacht von Sedan von Deutschland besiegt. Die Reparationszahlungen lösen einen wirtschaftlichen Aufschwung aus.

1871 erfolgt die Reichsgründung. Die vielen Kleinstaaten verschwinden von der Landkarte und schließen sich zum Deutschen Kaiserreich zusammen.

1883 werden die ersten Sozialgesetze beschlossen.

Etwa ab Mitte des 19. Jahrhunderts beginnt auf der Basis zahlreicher wirtschaftlich-technischer Erfindungen, wie der Dampfmaschine, der Verarbeitung von Gusseisen und Stahl die Industrielle Revolution. Sie verändert die bis dahin tradierten Produktionsweisen, es entstehen neue Berufe, alte verschwinden. Der Alltag der Menschen und die Gesellschafsstrukturen ändern sich. Deutschland wird zur Industrienation. Kolonien werden gegründet, um an die benötigten Rohstoffe zu kommen. Die ersten Eisenbahnen verkehren. Viele Lokalbahnen entstehen.

Ein kurzer Blick in die Geschichte des Verkehrswesens

Die Gründe für das breite Interesse an der Eisenbahn und das durchwegs große Engagement beim Bau von Bahnstrecken waren vielfältig. Dabei spielte das damals einzig verfügbare Massenmedium, die Presse, eine nicht unerhebliche Rolle. Illustrierte Wochenschriften, vornehmlich jedoch die zunehmend in immer kürzeren Abständen erscheinenden Zeitungen informierten bereits in der zweiten Hälfte des 19. Jahrhunderts eine breite Öffentlichkeit über wichtige Geschehnisse in aller Welt. Natürlich auch über die bahnbrechenden Erfolge des Schienenverkehrs. Da blieb es nicht aus, dass sich sowohl die einzelnen Landesregierungen, als auch für die neue Transporttechnik aufgeschlossene Privatpersonen für den Bau eines leistungsfähigen Eisenbahnnetzes interessierten und diesen bald schon, vornehmlich aus wirtschaftlichen Erwägungen, vorantrieben. Aber auch die Bevölkerung, zumal in den entlegenen Landesteilen, erkannte die Chancen und Vorteile, die sich durch einen gut funktionierenden Eisenbahnverkehr für jedermann auftaten. Verständlicherweise waren die maßgebenden Stellen primär am Güterverkehr interessiert, verhieß dieser doch innerhalb kurzer Zeit greifbare wirtschaftliche Erfolge und würde vermehrt Steuergelder in die meist klamme Staatskasse spülen.

Für die breite Bürgerschaft eröffnete jedoch vor allem der Personenverkehr bis dahin nicht gekannte Möglichkeiten. Man versprach sich zurecht eine weit größere Beweglichkeit, konnte man doch mithilfe der Eisenbahn für ein erschwingliches Entgelt in verhältnismäßig kurzer Zeit bequem und sicher relativ ferne Ziele erreichen. Damit erschlossen sich für die Menschen aus abgelegenen Gebieten neue Arbeitsplätze und dies machte somit in gewisser Weise unabhängig von den Arbeitsangeboten unmittelbar vor Ort. Auch das Auswandern in ferne Länder, vor allem nach Amerika, wurde durch die Eisenbahn als schneller und günstiger Zubringer zu den Häfen an der Nordsee wesentlich erleichtert. Das alles löste offensichtlich bei vielen Menschen ein Gefühl größerer Unabhängigkeit, bisher nicht bekannter Freiheit aus. Außerdem war man nicht länger ausschließlich auf die meist schlechten Straßen und die wenig befriedigenden Transportmittel angewiesen.

Aus ziemlich allen Schichten der Bevölkerung wurde der Wunsch nach einem Anschluss an das Streckennetz der Bahn immer lauter. In diesem Zusammenhang lohnt sich ein Blick auf den

Abb. 1: Pferdefuhrwerk mit Getreide

Abb. 2: Leiterwagengespann

Zustand des bis dahin zur Verfügung stehenden Wegenetzes und die Fuhrwerke, die darauf verkehrten.

Wie hinlänglich bekannt, waren weite Teile des Unteren Bayerischen Waldes bereits seit vorgeschichtlicher Zeit durch das weit verzweigte System des so genannten Goldenen Steiges erschlossen. Dieser Saumpfad ermöglichte mit seinen zahlreichen Nebenwegen einen florierenden Fernhandel. Im Laufe des ausgehenden Mittelalters und der beginnenden Neuzeit wurden aus diesen schmalen Pfaden, auf denen bislang nur kleinwüchsige Saumpferde und Kraxenträger kostbare Waren aus dem Süden in die östlichen Nachbarländer transportierten, mehr oder minder schlecht ausgebaute Karrenwege. Diese frühen Straßen verdienten diese Bezeichnung wahrlich nicht. Bestenfalls lassen sie sich mit heutigen Feldwegen vergleichen. Sie waren unbefestigt und die Wagenräder gruben tiefe, wie Gleise wirkende Furchen in den weichen Untergrund. Diese Furchen, die morastigen Stellen, die vielen Schlaglöcher, der steinige Untergrund an den steilen

Anstiegen und die gefährlichen Gefällstrecken ließen den Transport von schwerer oder sperriger Fracht über weite Strecken kaum zu. Bis herauf ins 19. Jahrhundert änderte sich an diesen Straßenverhältnissen nur wenig. Das belegen die vielen Klagen, die darüber immer wieder geführt wurden.

Die Bauern benutzten zum Einbringen der Ernte, von Heu und Stroh, zum Transport von Schnittholz oder Getreide zu den nahe gelegenen Mühlen ihre traditionellen hölzernen, zweiachsigen Leiterwagen, an deren Deichsel die Zugtiere angespannt wurden. Die Wände dieser Fahrzeuge bestanden aus schräg stehenden Leitern, die nach unten an den Achsen abgestützt waren.

Muss man den Gütertransport auf den Straßen, selbst auf den nur kurzen Strecken, als mühselige und gefahrvolle Plackerei bezeichnen, so gilt das für den Personenverkehr, zumindest bis in die erste Hälfte des 19. Jahrhunderts hinein, in besonderer Weise. Kutschfahrten wurden nicht selten zur Tortur. Weite Reisen wurden nur aus zwingenden Gründen angetreten, denn ein Vergnügen war das nicht. Das Umstürzen von Kutschen oder Unfälle, ausgelöst durch Radbruch, waren an der Tagesordnung. Die miserablen Nebenstrecken, aber selbst die teilweise überhaupt nicht oder streckenweise mit holprigem Kopfsteinpflaster befestigten „Hauptstraßen" erlaubten eine nur geringe Reisegeschwindigkeit und beanspruchten Fuhrwerke und Zugtiere erheblich.

Abb. 3: Transportschlitten

Abb. 4: Herrschaftliche Kutschfahrt

Der Postkutschenverkehr

Der Transport von Personen war im 18. und zunächst auch noch im 19. Jahrhundert eine rein private Angelegenheit. Entweder man verfügte, wie der Klerus, der Adel und das wohlhabende Bürgertum, über eigene Kutschen und Pferde oder aber man musste im Bedarfsfall bei einem Fragner, also bei einem Fuhrunternehmer, Wagen und Zugtiere mieten. Reichten die eigenen Mittel dafür nicht aus, blieb nichts anderes übrig, als zu Fuß zu gehen.

Der Begriff „Postkutsche" wurde eingeführt für die vergleichsweise komfortablen Reisewagen, die erst im Laufe des 19. Jahrhunderts für einen regelmäßigen Fahrbetrieb über weitere Strecken zum Einsatz kamen. Diese ersten öffentlichen Postwagen waren üblicherweise zweiachsige Fahrzeuge, die einen gefederten, geschlossenen Kutschkasten trugen, in dem je nach Kutschentyp vier bis acht Personen auf Holzbänken Platz fanden und langsam ihrem Ziel entgegenschaukelten. Zur Unbequemlichkeit einer Reise mit der Postkutsche trug oftmals bei, dass mangels ausreichend Platz auf dem Dach und hinten im Gepäckkasten die zu transportierende Fracht auch im Fahrgastraum untergebracht war. Vorne auf dem Kutschbock saß der Postillion in seiner blauen Uniformjacke, der weißen Lederhose, den hohen schwarzen Stiefeln und mit dem schwarzen Hut auf dem Kopf. Die baldige Ankunft seines Gespanns kündigte er durch kräftiges Blasen in sein Posthorn an. Diese Signale waren weithin zu hören, da sie noch nicht übertönt wurden von störendem Lärm, wie er heutzutage üblich ist.

Je nach topografischen Gegebenheiten und der damit entsprechenden Beanspruchung der Pferde mussten im Abstand von zehn bis zwanzig Kilometern die Zugtiere gewechselt werden. Das geschah jeweils an einer „Umspannstation", der Posthalterei. Hier musste ein Zwischenaufenthalt eingelegt werden, den die Reisenden häufig nutzten, um sich zu verpflegen oder je nach Tageszeit hier gar zu nächtigen. So entwickelten sich aus diesen Stationen bald die Gasthäuser „Zur Post", die in zahlreichen Orten bis zum heutigen Tag bestehen. Der Posthalter war in der Regel ein wohlhabender, angesehener Bürger, dem sowohl die Pferde als auch die Kutschen gehörten. Als Gastwirt konnte er mit der Bewirtung der Reisenden zusätzliche Einkünfte erwirtschaften. Diese Einnahmen waren aber auch notwendig, galt es doch den hohen Verschleiß an Material und Zugtieren zu kompensieren. So war eine neue Kutsche beispielsweise nach einer etwa fünfmaligen Fahrt aus dem Bayerischen Wald nach Landshut und zurück entweder stark reparaturbedürftig oder total unbrauchbar geworden. Auch die Pferde hatten wegen der ständigen Strapazen eine deutlich herabgesetzte Lebenserwartung.

Abb. 5: Überlandpostkutsche

Abb. 6: Gasthof „Zur Post“ in Röhrnbach (2018)

Die Haupteinnahmequelle der Posthalter ergab sich aus der Beförderung von Frachtgut und Menschen. Zum Beispiel kostete der Transport eines Paketes von bis zu fünfzig Kilogramm Gewicht von Waldkirchen nach Straubing im Jahr 1841 sechs Gulden, was einer heutigen Kaufkraft von etwa vierzig Euro entspricht. Für Passagiere wurde ebenfalls ein Gewicht von fünfzig Kilogramm angesetzt. Auch hier richtete sich der Fahrpreis nach der Entfernung. Dabei waren pro Meile (1 Bayerische Meile = 7,42 Kilometer) vierzehn Kreuzer zu entrichten (1 Kreuzer = etwa 60 Cent nach heutiger Währung).

Reisen war also in der „Vor-Eisenbahn-Zeit“ nicht nur eine kostspielige und strapaziöse Tortur, es war auch gefährlich. Relativ häufig kam es zu Unfällen, weil die hölzernen Räder, Deichseln und Achsen wegen der schlechten Straßenverhältnisse leicht zu Bruch gingen. Wagen stürzten um oder blieben im morastigen Boden stecken, zumal bei Regenwetter, wenn die Fahrwege aufgeweicht waren. Bei Winterwetter kam der Postkutschenverkehr zumindest zeitweise völlig zum Erliegen. Zu diesen Unannehmlichkeiten kam noch die Gefahr von räuberischen Übergriffen. Besonders in abgelegenen, einsamen Gegenden waren Postkutschen wegen der oftmals mitgeführten Wertsendungen Ziel von Überfällen. Auch aus diesem Grund wurde weitestgehend auf Nachtfahrten verzichtet.

Verlässliche Fahrpläne, wie wir sie heute kennen, gab es zur Zeit des Postkutschenverkehrs nicht. Verbindlich aufgeführt wurden dort lediglich die wenigen Wochentage, an denen die Wagen fuhren und dazu die jeweiligen Abfahrtszeiten. Erst Ende des 19. Jahrhunderts setzte sich der tägliche Verkehr durch. Darüber hinaus konnte man diesen Plänen noch einige wichtige Orte entlang der gewählten Fahrstrecke entnehmen. Vor allem jene, an denen ein notwendiger Pferdewechsel und damit ein längerer Aufenthalt die Reise unterbrach. Angaben zur Ankunftszeit an den vorgesehenen Umspannorten fehlten jedoch, sodass Reisende, die unterwegs zusteigen wollten, mit langen Wartezeiten rechnen mussten. Selten gab es wenigstens ungefähre Angaben zur Ankunft am Zielort, die allerdings nur auf einer groben Schätzung beruhten.

Ursache dafür waren die vielen Unwägbarkeiten, die mit einer Postkutschenfahrt verbunden waren. Vor allem die Reisegeschwindigkeit war wegen der zu bewältigenden Steigungen, des ständig wechselnden Straßenzustands, den Witterungsbedingungen und der Verfassung der Zugtiere starken Schwankungen unterworfen. Immer wieder wird über die „unbeschreibliche Langsamkeit“ dieses Verkehrsmittels geklagt. Postkutschen fuhren in aller Regel nicht mehr als Schritttempo, legten also in der Stunde so um die fünf Kilometer zurück. Dabei sollten sie möglichst innerhalb von drei Stunden die nächste Umspannstation erreichen. Erst als die Landstraßen im fortschreitenden 19. Jahrhundert ausgebaut wurden, erhöhte sich die Reisegeschwindigkeit auf bis zu zehn Kilometer pro Stunde. Somit konnte eine gut geführte Kutsche Ende des 19. Jahrhunderts an einem Tag an die hundert Kilometer zurücklegen.

Die Eisenbahn verdrängt die Postkutsche

Aus all den genannten Gründen erklärt sich das große Interesse der Landesregierungen und der Kommunen, der Investoren aus Wirtschaft und Industrie, der Gewerbetreibenden und der nahezu gesamten Bevölkerung an einem möglichst raschen und flächendeckenden Ausbau eines leistungsfähigen Eisenbahnstreckennetzes. Die Bahn war bedeutend billiger und schneller, komfortabler und zuverlässiger, war, abgesehen von extremen Schneestürmen, wetterunabhängig. Für die Postkutschen blieb letztlich nur noch der Transport zwischen Bahnhof und Poststelle und der Personenverkehr in den ländlichen Gegenden, die von der Bahn nicht erschlossen waren. Dieser Bereich brach jedoch nach 1900 auch noch weg, als die ersten Motorfahrzeuge die Straßen befuhren.

Abb. 7: Die Postkutschen am Bahnhof Passau erledigten Zubringerdienste.

Abb. 8: Die Postkutsche vor dem Bahnhof in Waldkirchen transportierte die Bahnreisenden weiter an ihr Ziel

Mit Beginn des Eisenbahnzeitalters änderte sich vieles grundlegend und schlagartig. Der Komfort und die hohe Reisegeschwindigkeit griffen tief ein ins gesellschaftliche Gefüge, veränderten menschliche Lebensformen und verbesserten die Lebensqualität der Bevölkerung. Bauern konnten ihre landwirtschaftlichen Produkte und Tiere zu entfernten Märkten liefern, den heimischen Holz- und Granitbetrieben war es nun möglich, ihre Erzeugnisse mit der Bahn dorthin zu liefern, wo die Nachfrage groß war, Arbeitssuchende pendelten in die Städte, man fuhr zum Einkaufen in die Stadt. Im Gegenzug erlebte der Tourismus seine erste Blütezeit, als die Städter zur Erholung und zu ihrem Vergnügen in bisher weitestgehend unbekannte, reizvolle Gegenden fuhren. Ein neues Zeitalter war eingeläutet.

Die Eisenbahn – eine Erfolgsgeschichte

Aus der Zeit der Anfänge

Zum Stichwort „Eisenbahn“ findet man im „Brockhaus–Bilder–Conversationslexikon“ aus dem Jahr 1837, also zwei Jahre nachdem der erste Zug zwischen Nürnberg und Fürth unterwegs war, folgenden Eintrag:

> Eisenbahnen, Riegel- oder Schienenwege sind fahrbare Straßen mit festen Gleisen von Eisenschienen oder von mit Eisen beschlagenem Holz und Steinen, auf denen die Räder der Wagen laufen, wodurch der Widerstand, welchen sie auf gewöhnlichen Wegen am Umfange erleiden, so weit aufgehoben wird, daß beinahe nur die Reibung an der Achse noch zu überwinden bleibt und ihre Fortbewegung durchschnittlich wenigstens zehnfach erleichtert wird.

Diese frühe Definition des Begriffs „Eisenbahn“ bezieht sich zunächst also lediglich auf die Fahrbahn, auf einen Schienenweg. Für die technische Entwicklung der „Eisenbahn“ nach unserem heutigen Verständnis waren im Wesentlichen vier grundlegende Erfindungen ausschlaggebend: Die Erfindung des Rades, die Konstruktion einer Fahrbahn mithilfe von Schienen, die Produktion von Eisen und Stahl sowie die Erfindung der Dampfmaschine. Dabei gilt das Rad als die bedeutsamste Erfindung des Menschen in Bezug auf die Kultur der technischen Entwicklung. Funde belegen, dass in Mitteleuropa bereits im vierten Jahrtausend v. Chr. kreisrunde Holzscheiben als Räder benutzt wurden. Die wesentlich leichteren Speichenräder fanden ab etwa 2000 v. Chr. beim Bau von Wagen und Karren nahezu gleichzeitig in mehreren Kulturen Verwendung.

Frühe Vorläufer der heute üblichen Schienen sieht man in den künstlich geschaffenen Spurrillen antiker Straßen. Sie ermöglichten eine einigermaßen gleichmäßige Führung der Fuhrwerke. Schon die römischen Straßenbauer mit ihrem bemerkenswerten technischen Wissen arbeiteten deshalb in das Pflaster ihrer stark befahrenen Straßen parallel laufende Rillen ein. Der Abstand zwischen diesen Spurrillen war im gesamten römischen Herrschaftsbereich gleich. Das bedeutet, dass sämtliche römischen Fahrzeuge die gleiche Spurweite haben mussten. Eine wohl durchdachte technische Meisterleistung.

Bereits um etwa 1500 machte sich in manchen Gegenden eine Erfindung breit, die höchstwahrscheinlich aus dem Bereich des Bergbaus stammte. Dort mussten ständig schwere Lasten befördert werden. Deshalb verlegte man der Länge nach Baumstämme oder Holzbohlen im Gelände, welche die Funktion von Gleisen übernahmen. Damit war man unabhängig von den bestehenden Straßen. In die Hölzer waren Rillen eingearbeitet, in denen die Wagenräder geführt wurden. Besonders bei schlechten Bodenverhältnissen brachte dies eine wesentliche Verbesserung der Fahreigenschaften von Pferdefuhrwerken. Die Holzschienen verhinderten vor allem das Einsinken der Wagenräder bei morastigem Untergrund. Allerdings setzte sich dieses System nicht durch, da die Rillen rasch verschmutzten und die Fuhrwerke dadurch immer wieder entgleisten. Außerdem waren die Schienen und ihre Unterkonstruktion permanent dem Wetter ausgesetzt. Der feuchte Boden ließ das Holz schnell kaputtgehen. Deshalb war man ständig auf der Suche nach geeigneteren Materialien für die Schienen.

Zu Beginn des Industriezeitalters war England weltweit führend geworden in der Produktion von Eisen und Stahl. Erfindungsreiche Ingenieure entwickelten bald schon neue Schienensysteme. Um den Verschleiß an Schienenholz zu mindern und deren Festigkeit zu erhöhen, wurden in einer relativ kurzen Übergangszeit auf die längs der Fahrtrichtung ausgelegten Holzbohlen dünne Blechstreifen aufgenagelt.

Die Erfindung der Eisenbahnschienen, wie wir sie heute kennen, ist mehr oder weniger einem Zufall zu verdanken. Richard Reynolds, der Besitzer einer der vielen neu entstandenen Eisenhütten in England, litt 1767 wegen eines landesweiten Überangebotes an Gusseisen unter erheblichen Absatzschwierigkeiten. Seine länglichen Gusseisenbarren füllten die Lager. Deshalb ließ er diese im Bereich seines Industriebetriebes als Ersatz für defekte Holzschienen verlegen. Schnell stellte man fest, dass sich die Gusseisenplatten als Schienen bestens eigneten. Diese „Notmaßnahme" gilt heute als die Geburtsstunde der Eisenbahnschienen.

England entwickelte sich ab dem späten 18. Jahrhundert bei der Herstellung von Eisen und Stahl und in der Produktion von Gusseisen in jeder gewünschten Form zur weltweit führenden Nation. Das Land stieg damit auf zum Vorreiter der Industrialisierung und avancierte mit seinen gut ausgebildeten Ingenieuren schnell zum viel beachteten Vorbild bei der Verwendung der unterschiedlichsten Eisen- und Stahlprodukte. Diese neuartigen technischen Kenntnisse und Verfahren erlaubten kühnste Konstruktionen bei der Errichtung von Brücken, Wolkenkratzern und Seilbahnen, im Schiffs- und eben auch im Eisenbahnbau. Ein Engländer, Ralph Allen, war es beispielsweise auch, der den einseitigen Spurkranz an den Wagonrädern erfand, um die Fahrzeuge sicher auf dem Gleis zu halten.

Bereits im Jahr 1770 wurden gusseiserne Schienen auf Steinblöcken verlegt. Gleichzeitig und hinein bis ins 19. Jahrhundert arbeitete man an der Entwicklung von Lokomotiven. Diese dampfgetriebenen Kolosse waren sehr schwer und brachten einen Raddruck auf die kurzen Gusseisenschienen, dem das spröde Material nicht standhielt. Schließlich gelang es 1820 dem Engländer John Berkinshaw, Schienen durch Schmieden und Walzen zu fertigen. Immerhin hatten diese bereits eine Länge von knapp fünf Metern und hielten aufgrund ihrer weitaus besseren Materialeigenschaften dem großen Druck der Lokomotivräder stand.

Einzig der tragende Unterbau, die Schwellen, blieben bis ins 20. Jahrhundert hinein aus Holz, vornehmlich aus Hartholz, Buche und Eiche. Um die Lebensdauer der Holzschwellen zu erhöhen, wurden sie mit Carbolineum getränkt. Das schützte nicht nur vor Pilz- und Insektenbefall, es wirkte auch gegen Fäulnis. Eisenlaschen, die anfangs auf die Holzschwellen aufgenagelt, später aufgeschraubt wurden, hielten die Schienen fest und sorgten für einen stabilen Abstand der parallel laufenden Schienenstränge. In den Zwanzigerjahren des 20. Jahrhunderts kamen dann die Stahlschwellen auf, die bis zu hundert Jahre hielten und damit zum einen wesentlich langlebiger waren als die Holzschwellen, und zum andern nicht mit dem umweltschädlichen Steinkohleteeröl imprägniert werden mussten.

Als Unterbau für die Schwellen und Schienen bewährte sich von Anbeginn an Granitschotter. Dieser wurde als so genanntes Gleisbett auf einer exakt ausnivellierten und präzise vermessenen, ebenen Trasse als dicke Schicht aufgebracht und verfestigt. Für zahlreiche Granitbrüche im Unteren Bayerischen Wald entwickelte sich der Bau der Eisenbahnlinien allein schon durch den massenhaft benötigten Schotter zu einem einträglichen Geschäft und sorgte für zusätzliche Arbeitsplätze.

Von der Pferdeeisenbahn zur Lokomotive

Auf den frühen Eisenschienen rollten zunächst nur Wagen und Karren, die in der Anfangszeit noch von Pferden gezogen wurden. Der Rollwiderstand war wesentlich geringer als auf den kaum befestigten, holprigen Straßen. So konnten weitaus größere Lasten schneller und mit bedeutend weniger Kraftaufwand transportiert werden. Vor allem England setzte sofort auf die Vorteile dieses Transportsystems und erschloss damit seine abgelegenen Kohlereviere. Erst einige Jahrzehnte später richtete man auch auf dem Kontinent, in Frankreich, Österreich und Deutschland mancherorts solche Schienenstrecken ein. Aber trotz der Verbesserungen setzten sich diese so genannten „Pferdeeisenbahnen" letztlich nicht durch. Lediglich wenige wichtige Strecken wurden dazu entsprechend ausgebaut. Eine der bekanntesten in unserer näheren Umgebung war die Pferdeeisenbahn, die Bud-

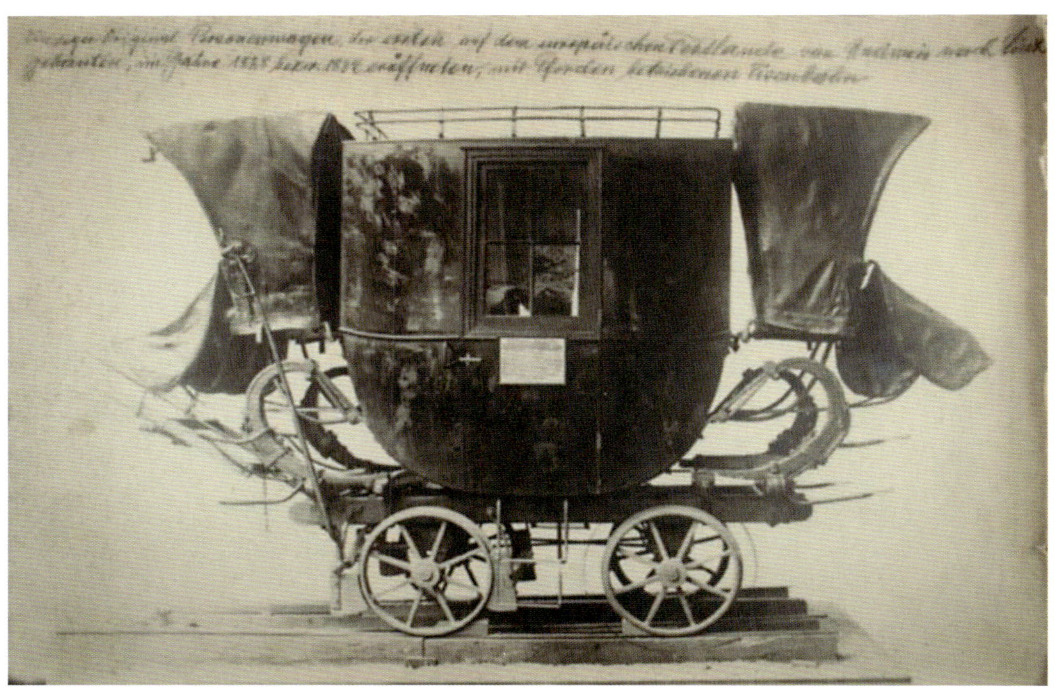

Abb. 9: Kutschenwagen der Pferdeeisenbahn Linz–Budweis

weis in Böhmen mit Linz in Österreich verband. Sie wurde zwischen 1825 und 1832 gebaut und war mit ihren 128 Kilometern die längste Pferdeeisenbahn der Welt.

England und Schottland waren nicht nur mit reichhaltigen Kohle- und Erzvorkommen gesegnet, hier wurden auch die ersten Schienenwege verlegt und gleichzeitig forschten findige Ingenieure aus den beiden Ländern an der Nutzung der Dampfkraft als Antrieb für Maschinen, um sie tatsächlich bald schon für eine unglaublich erfolgreiche Technik nutzbar zu machen.

Im späten 18. und frühen 19. Jahrhundert versuchte man fieberhaft die von Thomas Newcomen erfundene Dampfmaschine durch verschiedenste technische Weiterentwicklungen zu verbessern. Schließlich gelang es dem schottischen Techniker James Watt 1769, den Wirkungsgrad der Dampfmaschine so zu steigern, dass sie für den Antrieb von Fahrzeugen geeignet war. Auf dieser Basis konnten schließlich um 1800 die ersten „Dampfwagen" gebaut werden, die in der Lage waren, mit eigenem Antrieb auf der Straße zu fahren. Diese Maschinen hatten die Kraft und eine Größe, die es erlaubten, sowohl Waren als auch Menschen zu transportieren.

1804 konstruierte dann Richard Trevithick eine selbstfahrende Zugmaschine für eine Bergwerks-Schienenbahn zu den Kohlegruben in Wales. Die Dampflokomotive war geboren. Es wird berichtet, dass bei der ersten Fahrt am 13. Februar 1804 dieses „Dampfross" fünf Wagen mit zehn Tonnen Kohle und zusätzlich 70 Personen auf offenen Wagen zog. Die Geschwindigkeit war allerdings noch sehr bescheiden. Für die fünfzehn Kilometer lange Strecke benötigte man nämlich etwas mehr als vier Stunden. Aber immerhin war es gelungen, ein Fahrzeug zu entwickeln, das durch die Nutzung der Dampfkraft eine erstaunliche Fahrleistung erbrachte. Dampflokomotiven waren die ersten maschinell angetriebenen, selbstfahrenden Schienenfahrzeuge. Sie revolutionierten den Schienenverkehr. Bis zur Mitte des 20. Jahrhunderts hielt ihre Dominanz an. Letztlich ermöglichten sie erst den rasch einsetzenden Ausbau der Transporttechnik und waren die unstrittig wichtigste Voraussetzung für einen gut funktionierenden nationalen und internationalen Warenaustausch.

Das Jahr 1804 gilt damit offiziell auch als Beginn der Geschichte der Eisenbahn und England war somit zur Geburtsstätte dieses neuartigen Verkehrsmittels geworden. In der Eisenbahn sieht man heute durchaus zurecht das wohl bedeutsamste Produkt der Industriellen Revolution. Sie entwickelte sich letztlich aus der Verbindung eines bereits seit Jahrhunderten benutzten Rad-Schienen-Systems und dem maschinellen Antrieb von Fahrzeugen.

In den Folgejahren wurden Leistungsstärke und Zugkraft der Dampflokomotiven durch vielfältige technische Veränderungen schrittweise verbessert. Zu nennen sind hier zwei Ingenieure aus dem Nordosten Englands. Die Brüder George und Robert Stephenson perfektionierten mit ihren Entwürfen die Konstruktion von selbstfahrenden Schienenfahrzeugen und verhalfen damit der Dampflokomotive zum endgültigen Durchbruch. Die beiden gründeten 1822 die erste Lokomotivenfabrik. Aus dieser stammte auch die „Lokomotive Nr. 1“, mit der die erste Bahnstrecke 1825 in Betrieb genommen wurde.

In der Regel waren die frühen Eisenbahnstrecken ziemlich kurz. Meist verbanden sie die Bergwerke untereinander oder führten von den Städten zu nahegelegenen Häfen. Das lag daran, dass die zunächst noch privaten Bahngesellschaften aus wirtschaftlichen Gründen vor allem am Gütertransport Interesse hatten. Aber bald schon erkannte man, dass ein regelmäßiger Personenverkehr mindestens genauso einträglich war.

Die ersten Eisenbahnstrecken

Durch den Erfolg des Schienenverkehrs in England ermuntert, begann man sich auch in Amerika für dieses Transportsystem zu interessieren. Ebenso wie einige Jahre später in ganz Europa, beherrschten auch in den USA die Engländer zunächst den Markt. Weit über 100 Dampflokomotiven, und anfangs auch die Schienen, wurden in die Vereinigten Staaten verschifft. Aber schon nach wenigen Jahren wurden sowohl die Schienen als auch die Lokomotiven im eigenen Land produziert. Der Ausbau des Schienennetzes in Amerika hatte bereits Anfang der dreißiger Jahre des 19. Jahrhunderts das Mutterland weit überflügelt. So konnte beispielsweise 1869 die 5319 Kilometer lange Strecke von New York nach San Francisco quer durch den ganzen Kontinent in Betrieb genommen werden.

Mit der feierlichen Eröffnung der Ludwigs-Eisenbahn zwischen Nürnberg und Fürth am 7. Dezember 1835 schlug auch für Bayern und Deutschland die Geburtsstunde des Eisenbahnzeitalters. König Ludwig I. von Bayern (1786–1868, Regierungszeit 1825–1848) stand allen technischen Neuerungen sehr aufgeschlossen gegenüber und war ein großer Förderer des Eisenbahnbaus. Er erkannte die ungeahnten Möglichkeiten und wirtschaftlichen Vorteile, die sich durch ein möglichst flächendeckendes Streckennetz ergaben.

Innerhalb weniger Jahrzehnte entwickelte sich im 19. Jahrhundert die Eisenbahn zu einem gut ausgebauten Geflecht an Schienenwegen, das sich über ganz Europa und Nordamerika ausdehnte und die Transport- und Reisezeiten extrem verkürzte. Sie war Auslöser und zugleich treibende Kraft der Industriellen Revolution, da sie zum einen durch ihre Transportmöglichkeiten von schweren Gütern innerhalb kurzer Zeit die Voraussetzungen schuf für den Ausbau der Schwerindustrie, zum andren durch den enormen Eigenbedarf an Eisen und Stahl zum Bau von Brücken, Maschinen und Gleisanlagen eine immense Nachfrage nach diesen Produkten auslöste.

Hier (ohne den Anspruch auf Vollständigkeit) einige Daten zum Bau von Eisenbahnstrecken im 19. und 20. Jahrhundert allgemein und speziell im Unteren Bayerischen Wald

1835 erste Fahrt eines Zuges zwischen Nürnberg und Fürth, die Ludwigs-Eisenbahn

1860 Straubing–Passau

1879 München–Neumarkt St.Veit

1888 Neumarkt St.Veit–Pocking–Passau, die Rottalbahn

1890 Passau–Röhrnbach

1892 Röhrnbach–Waldkirchen–Freyung

1904 Passau–Erlau–Hauzenberg

1907 Vilshofen–Ortenburg

1909 Simbach–Kößlarn

1909 Erlau–Obernzell–Wegscheid

1910 Waldkirchen–Haidmühle

1910 Baubeginn Kalteneck–Deggendorf

1913 Kalteneck–Tittling–Eging–Deggendorf

Die Eisenbahn erreicht Passau und den Bayerischen Wald

Eine Erfolgsgeschichte, die um die Mitte des 19. Jahrhunderts ihren Anfang nahm

Der ab etwa 1840 verstärkt einsetzende Ausbau des Eisenbahnnetzes in Bayern wirkte sich in vielerlei Hinsicht für das gesamte Land ausgesprochen positiv aus. Diese, eine ganze Epoche entscheidend beeinflussende technische Neuerung nahm bereits 1835 ihren Anfang mit der ersten Fahrt der so genannten „Ludwigs-Eisenbahn", die bald schon regelmäßig zwischen Nürnberg und Fürth auf Eisenschienen verkehrte. Die Vorzüge der Bahn im Personenverkehr und ihre ungeahnten Möglichkeiten vor allem im Bereich des Gütertransportes ließen die Verantwortlichen rasch zur Entscheidung gelangen, ganz Bayern mit einem Eisenbahnnetz zu überziehen. Dabei standen vor allem wirtschaftliche Interessen im Vordergrund. Der Landesregierung war diese Entwicklung jedoch durchaus suspekt. Man befürchtete eine allzu große Mobilität der Bevölkerung und sich daraus eventuell ergebende schwer einschätzbare politische Folgen. An höchster Stelle hatte man nämlich Angst vor „ einer somit erleichterten Zusammenrottung von Individuen" und den vielleicht daraus entstehenden unkalkulierbaren „Unruhen". Aufhalten ließ sich die Ausweitung einer verkehrsmäßig verbesserten Erschließung auch entlegener Gebiete durch die Eisenbahn nicht mehr.

In vielen Gegenden Bayerns wurden die topografischen Gegebenheiten für eine eventuelle Trassenführung von zahlreichen Vermessungstrupps erfasst, wurden Bahnkörper und die dazugehörigen Dienst- und Verwaltungsgebäude geplant und oftmals schwierige Grundstücksverhandlungen geführt. In der Folge setzte in vielen Landstrichen eine rasante Bautätigkeit ein. Das allein schon brachte viele Menschen, die wegen der Technisierung in der Landwirtschaft kein Auskommen mehr fanden, in Lohn und Brot. Ein ungeahnt großer wirtschaftlicher Aufschwung war bald spürbar. Relativ früh schon spannte sich ein leistungsfähiges Spinnennetz an Eisenbahnlinien über das Land und erreichte auch den Südosten Bayerns. Mitte September 1860 fuhr der erste Zug von Straubing nach Passau. Dass damals drei bayerische

Minister diese erste Fahrt mitmachten, zeigt, für wie bedeutsam die Landesregierung diese Bahnstrecke hielt. Der Bahnhof Passau lag zu dieser Zeit noch in der damals eigenständigen Gemeinde St. Nikola. Diese für uns heute eigenartig klingende Gemeindegrenze geht zurück auf die Zeit vor der Säkularisation, als die Stadt bis etwa zum Ludwigsplatz hinauf zum Fürstbistum Passau gehörte, während das anschließende Gebiet nach Westen zu, also auch St. Nikola, bereits bayerisch war. Erst 1870 wurde diese Landgemeinde der Stadt Passau einverleibt.

Den Beschreibungen nach muss eine riesige Menschenmenge der Ankunft des ersten Zuges in Passau mit „größter Begeisterung" beigewohnt haben. Diese Freude darf aber nicht darüber hinwegtäuschen, dass es im Vorfeld durchaus Spannungen gab, dass es beim Bahnbau nicht immer friedlich zuging. Die Planungen der Bahntrasse gerieten häufig wegen schwieriger Grundstücksverhandlungen ins Stocken. Wie die beiden Heimatforscher Walther Zeitler und Otto Geyer bei ihren Recherchen erkundeten, rissen aufgebrachte „Bewohner der Hofmark St. Nikola" sogar die

Abb. 10: Bahnhof Passau mit Gleisanlagen

Abb. 11: Der Passauer Hauptbahnhof um 1880

Messstangen zur Abmarkung der Grundstücke „mehrfach aus“. Es kam dadurch immer wieder zu unliebsamen Verzögerungen im Baufortschritt und zu Unruhen, die sich erst legten, als erhebliche Strafen angedroht wurden. Als schließlich die Männer der so genannten Schätzkommission die Ablösesummen für die benötigten Grundstücke bekannt gaben, beruhigte sich die Lage. Den betroffenen Grundstücksbesitzern winkte offensichtlich ein ansehnlicher Geldbetrag, der den Widerstand brach. Allerdings konnte durch die zahlreichen Verzögerungen und Unterbrechungen erst Mitte 1858 mit dem Bau des Bahnhofs begonnen werden. Damit war klar, dass das Gebäude nicht rechtzeitig zum Empfang des ersten Zuges fertig gestellt sein würde. Als Notlösung baute man daher die provisorische Bahnsteighalle, die am Münchner Ostbahnhof nicht mehr gebraucht wurde, ab und in Passau wieder auf.

Abb. 12: Denkmal an der Löwenwand

Ebenfalls im Jahr 1858 begann von Vilshofen her der Bau der Bahntrasse Richtung Passau. Dabei zeigte sich der Bereich an der so genannten Löwenwand mit seinen steilen Felsabstürzen zur Donau hin als besondere Herausforderung. Zahlreiche aufwändige Sprengungen mussten durchgeführt werden, ehe die Schwellen gesetzt und die Schienen montiert werden konnten.

Abb. 13: Texttafel am Löwenwand-Denkmal

Eine weitere Schwierigkeit für die Planer und technischen Ingenieure stellte die 172 Meter lange Untertunnelung des Kleinen Exerzierplatzes dar. In einem Vertrag zwischen Bayern und Österreich war festgelegt worden, dass die Bahnlinie über Passau hinaus nach Österreich als „Königlich Kaiserliche privilegierte Kaiserin Elisabeth Bahn" weitergeführt werden

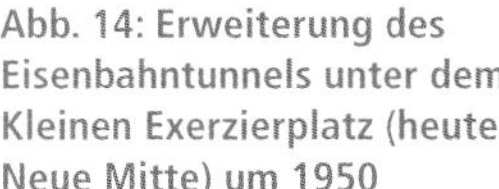

Abb. 14: Erweiterung des Eisenbahntunnels unter dem Kleinen Exerzierplatz (heute Neue Mitte) um 1950

Abb. 15: Die Kaiserin-Elisabeth-Brücke mit der Klause St. Magdalena (Ende 19. Jh.)

sollte. Das bedingte nicht nur den Tunnel unter dem Exerzierplatz, sondern auch den Bau der Kaiserin-Elisabeth-Brücke, die mit einer Länge von ca. 95 Metern den Inn überspannen sollte.

Beginn für das mächtige Brückenbauwerk mit seinen ehemals vier imposanten Türmen war 1860 und bereits ein Jahr später rollte der erste Zug von Schärding kommend über die Stahlkonstruktion. Dabei berichten die Chronisten von einer Kuriosität: Als nämlich der Zug an der Brücke ankam, stiegen die Ehrengäste zunächst aus und sahen aufmerksam zu, wie eine andere Lokomotive zehn schwer beladene Güterwagons, sozusagen als „Versuchskaninchen“, über die Brücke zog, um deren Tragfähigkeit unter Beweis zu stellen. Bereits 1861 wurde die Bahnstrecke Passau–Wels freigegeben.

Abb. 16: Die Kaiserin-Elisabeth-Brücke 2017

Geschichte der Eisenbahn im Unteren Bayerischen Wald

Der Bau der Nebenstrecken von Passau aus

Nur wenige Jahre später begann man mit dem Bau einer Bahnstrecke, die München und Passau über das Rottal verbinden sollte. Von München ausgehend wurde 1879 der Streckenabschnitt Neumarkt–St.Veit nach Pocking dem Verkehr übergeben. Nachdem absehbar war, dass mit dem Erreichen dieser Strecke das Betriebsgelände im Bereich des Passauer Bahnhofs nicht mehr ausreichen würde, wurde dieses erheblich erweitert. Ein neues Maschinenhaus zur Wartung der Lokomotiven und eine größere Drehscheibe wurden neu errichtet. Die Erweiterung des Rangiergeländes verschlang große Flächen. Im Jahr 1888 erreichte die Rottalbahn Passau und stellte damit eine Verbindung nach München her.

1890 war dann auch die Bahnlinie in den Bayerischen Wald bis Röhrnbach fertiggestellt. 1892 wurde schließlich die Trasse über Waldkirchen bis Freyung weitergeführt. Von 1908 bis 1910 erfolgte über eine Abzweigung in Waldkirchen die Weiterführung der Strecke bis an die Grenze nach Haidmühle. Damit war der Bahnanschluss an das böhmische Eisenbahnnetz gegeben.

1904 wurde die Lokalbahn von Passau nach Hauzenberg dem Verkehr übergeben. Diese Strecke erhielt 1909 eine Abzweigung in Erlau, die nach Obernzell führte. Von hier aus baute man kurz darauf die Bahnlinie bis Wegscheid weiter. Die topografischen Schwierigkeiten bei diesem Streckenabschnitt zwangen die Planer und Ingenieure zu ganz bemerkenswerten bahntechnischen Besonderheiten. Ein tiefer Einschnitt unmittelbar in Obernzell wurde mit einem gewaltigen Viadukt überspannt. Dieses Bauwerk war eine wahre Meisterleistung der Ingenieurskunst zu Beginn des 20. Jahrhunderts. Außerdem konnte die nach diesem Brückenbau folgende starke Steigung nur mithilfe einer zu dieser Zeit viel bestaunten Zahnradstrecke überwunden werden. Leider hat man in den vergangenen Jahrzehnten dieses bemerkenswerte Industrie- und Verkehrsdenkmal zurückgebaut, das Viadukt abgetragen und die Gleise entfernt.

Abb. 17: Der Bahnhof in Kalteneck 2017

Die Planungen für ein möglichst dichtes Eisenbahnnetz waren aber mit diesen Bahnlinien noch keineswegs abgeschlossen. Schon bald gab es, vor allem auf intensives Betreiben der Steinbruchbesitzer im Dreiburgenland, ernsthafte Bestrebungen, auch dieses Gebiet mit seiner aufstrebenden Granitindustrie durch Bahntrassen zu erschließen. Sowohl das Bahnkomitee als auch die Landesregierung zeigten sich dieser Idee sehr aufgeschlossen. So konnte bereits 1910 mit dem Bau der 54 Kilometer langen Strecke von Kalteneck über Tittling und Eging nach Deggendorf begonnen werden.

Mit dieser Nebenstrecke, die bereits 1913 fertiggestellt war, wurden nicht nur die zahlreichen Granitbetriebe in diesem Landstrich an das Eisenbahnnetz angeschlossen, es war damit auch ein weiterer Zugang zum Donauraum geschaffen worden. Aber schon 60 Jahre später wurde der gesamte Zugverkehr auf dieser Linie wieder eingestellt. Wie leider so oft baute man auch hier die Gleise ab und legte auf der Trasse einen Radweg an.

Mit all diesen Strecken waren weite Teile des Unteren Bayerischen Waldes an das Eisenbahnnetz angeschlossen. Der Transport von Gütern aller Art, von Kalk, Düngemitteln, Getreide und anderen landwirtschaftlichen Produkten, vor allem jedoch von Holz und dem heimischen Granit wurde enorm erleichtert bzw. über größere Entfernungen jetzt erst ermöglicht. Von dem neuen Transportmittel profitierten natürlich die Orte und Betriebe am meisten, die unmittelbar an der Trasse lagen. Nach kurzer Zeit siedelten sich deshalb zahlreiche Betriebe entlang den Bahnlinien an. Eine Reihe neuer Arbeitsplätze entstand dadurch. Vielen Menschen, die im Handwerk kein Auskommen mehr fanden und wegen der zunehmenden Mechanisierung auch in der Landwirtschaft nicht mehr unterkamen, eröffneten sich neue Möglichkeiten für einen auskömmlichen Verdienst. So gesehen hatte die Eisenbahn auch im Bayerischen Wald einen wesentlichen Anteil am wirtschaftlichen Aufschwung.

Die Bahnstrecke Passau–Waldkirchen–Freyung

Ein wahrer „Eisenbahn-Bauboom“ hatte im letzten Viertel des 19. Jahrhunderts und hinein ins 20. Jahrhundert bis zum Beginn des Ersten Weltkrieges das ganze Land erfasst. Die Gründe dafür sind vielfältig. Da gab es vor allem ausgeprägte wirtschaftliche Interessen, die es sinnvoll erscheinen ließen, das ganze Land gleichmäßig mit einem leistungsfähigen und möglichst dichten Eisenbahnnetz zu überziehen. Zum andren waren jetzt auch erst die planerischen und technischen Voraussetzungen zur Umsetzung dieses ehrgeizigen Zieles in vollem Umfang gegeben. Die aufkommende Industrialisierung war die Grundlage für eine massenhafte Produktion von Eisenbahnschienen, Stahlkonstruktionen für Brückenbauten, von mit Dampf getriebenen Lokomotiven und den nötigen Wagons.

Außerdem hatte sich in den Kriegen des 19. Jahrhunderts gezeigt, dass ein gut ausgebautes Schienennetz von kriegsentscheidender Bedeutung war. Eine eisenbahngestützte Mobilmachung der Truppen, deren Versorgung sowie ein gut funktionierender rascher Nachschub von Kriegsgerät, Waffen und Munition brachte ungeahnte strategische Vorteile. Diese Erkenntnis war mit ein Auslöser dafür, dass sämtliche europäischen Staaten umgehend den Ausbau ihres nationalen Eisenbahnwesens in Angriff nahmen. Auch Deutschland wurde von diesem Trend zum Bau einer Staatsbahn und der Verstaatlichung von Privatbahnen erfasst.

Nicht vergessen darf man dabei die emotional positive Grundstimmung, die das ganze Land nach dem gewonnenen Krieg 1870/71 gegen Frankreich erfasst und schließlich 1871 zur Reichsgründung geführt hatte. Dabei spielten die hohen Reparationszahlungen, die der besiegte Nachbar leisten musste, gar nicht die entscheidende Rolle. Vielmehr war es die durch diesen siegreichen Waffengang gewonnene Reputation Deutschlands im europäischen Ausland, die erheblich zu einer geradezu euphorischen Grundeinstellung der Menschen auch in Bayern führte.

Und diese anpackende Aufbruchsstimmung war mit eine wesentliche Triebfeder für die Erschließung unserer Heimat mit einem funktionsfähigen Schienennetz als Voraussetzung für ein wirtschaftliches Aufblühen. 1860 hatte die Eisenbahn Passau erreicht. In einem nächsten Schritt sollte der Bayerische Wald erschlossen werden mit seinen für die deutsche Wirtschaft so eminent wichtigen Bodenschätzen, dem Granit, und dem vielen Holz. Beides konnte aus Transportgründen bislang viel zu wenig genutzt werden. Die Bürgermeister der Städte, Märkte und Gemeinden, die Großgrund-, Steinbruch- und Sägewerksbesitzer, die Gastwirte und Brauereiherrn waren natürlich sehr interessiert an einer Bahntrasse, die das nördliche Hinterland von Passau und den gesamten Bayerischen Wald erschließen sollte. Ihre Wünsche und die Interessen von Regierung und Eisenbahnkomitee deckten sich weitestgehend. Und so wurde im Verordnungsblatt für das Königreich Bayern vom 26. Januar 1886 der Beschluss zum Bau einer Eisenbahnlinie von Passau nach Freyung verlautbart. Auch die Gesamtkosten von 5.832.000 Mark waren bereits ermittelt worden. Allerdings war an die Durchführung der Maßnahme eine schwer zu erfüllende Auflage geknüpft. Mit dem Bau der Trasse durfte nämlich erst begonnen werden, wenn „der für den Bahnbau und dessen Zugehör“ benötigte Grund kostenfrei in den Besitz des „Eisenbahnärars“ übergegangen sei. Ersatzweise mussten der Eisenbahngesellschaft die nötigen Geldmittel oder Sicherheiten zum Grunderwerb zur Verfügung gestellt werden.

Was die Finanzen anbelangte, so war man gezwungen, möglichst sparsam zu wirtschaften, weil die gesamten Baukosten sehr knapp kalkuliert waren. Mit dem Bau der Trasse und der Errichtung der Hochbauten wurden Privatfirmen beauftragt, während die Verlegung der Gleisanlagen, der Schwellen, Schienen und Weichen von Spezialisten, von extra dazu ausgebildeten Arbeitern im Dienste der Eisenbahn durchgeführt wurde.

Der Verlauf der Eisenbahnstrecke war heiß umkämpft

Die Streckenführung selbst war lange Zeit heftig umstritten. Von der Topografie her kam Passau als Ausgangsort in Betracht, aber auch Schalding bot sich an. Letztlich entschied man sich für Passau. Zum einen wegen des bereits gut ausgebauten Bahnhofs, aber auch wegen einer möglichen Streckenführung entlang der Ilz mit einer verhältnismäßig geringen, annähernd gleichbleibenden Steigung. Immerhin mussten knapp 400 Höhenmeter überwunden werden. Zu Beginn der Planungen und sogar noch während der Nivellierarbeiten tauchten immer wieder die verschiedensten, den Trassenverlauf betreffende Änderungswünsche auf. Dabei spielte sicherlich oftmals auch das Geld eine nicht unbedeutende Rolle, das ganz offiziell angeboten wurde, falls man sich für einen etwas anderen Streckenverlauf entscheiden könnte. Denn, wer mit seinem Besitz, seinem Betrieb, seiner Firma möglichst nahe oder gar unmittelbar an der Bahn lag, konnte mit einem erheblichen wirtschaftlichen Vorteil rechnen. Das weckte permanent allerhand Begehrlichkeiten. Gesuche und Bittschriften wurden eingereicht, Politiker versuchten, ihren Einfluss geltend zu machen, die Planungskommissionen traten immer wieder zusammen.

Auch eine große Anzahl von Privatpersonen sagte aus recht eigennützigem, privatem Interesse eine durchaus großzügige finanzielle Beteiligung an dem Bahnprojekt zu, falls ihre Vorstel-

Abb. 18: Lagerplatz für das Triftholz in Passau

lungen Berücksichtigung fänden. Wie sich aus den zahlreichen Sitzungsprotokollen der verschiedenen Institutionen und Eisenbahnkomitees schließen lässt, wollte beispielsweise Franz Stockbauer die ansehnliche Summe von 2000 Mark spendieren, wenn die Trasse näher an seine Mühle an der Ilz heranrücken würde. Dagegen versprach Josef Stockbauer aus Haselbach 1000 Mark, für den Fall, dass man die Bahnlinie genau in die andere Richtung nach Schwaiberg verschieben würde. Des Weiteren wurde beispielsweise mit Nachdruck eine Linienführung ab Fischhaus über Leoprechting und Hutthurm gefordert, mit dem Argument, dass diese Strecke um etwa 3 Kilometer kürzer sei. Der Fabrikbesitzer Kerber von der Kittlmühle sagte gar eine Extrazahlung von 10.000 Mark zu, falls Hutthurm an der Bahnstrecke liegen würde. Allerdings sprach die starke Steigung aus dem Ilztal herauf nach Hutthurm gegen diese Linienführung, sodass man von dieser planerischen Variante nach eingehender Prüfung Abstand nahm. Die Stadt Passau war zunächst auch für die Streckenführung über Hutthurm, wollte jedoch ihre Zusage zu einem Zuschuss von

10.000 Mark nicht davon abhängig machen. Der Linienverlauf war für Passau von geringer Bedeutung. Die Stadt war lediglich an einer möglichst raschen Umsetzung des Bauvorhabens interessiert, forderte jedoch, dass der Holzlagerplatz in Fürsteneck möglichst klein gehalten werde, weil sonst eine zu große Konkurrenz zur Holztrift zu befürchten wäre. Dabei muss man wissen, dass die Trift alljährlich einen ansehnlichen Betrag an Steuereinnahmen in den Passauer Stadtsäckel spülte.

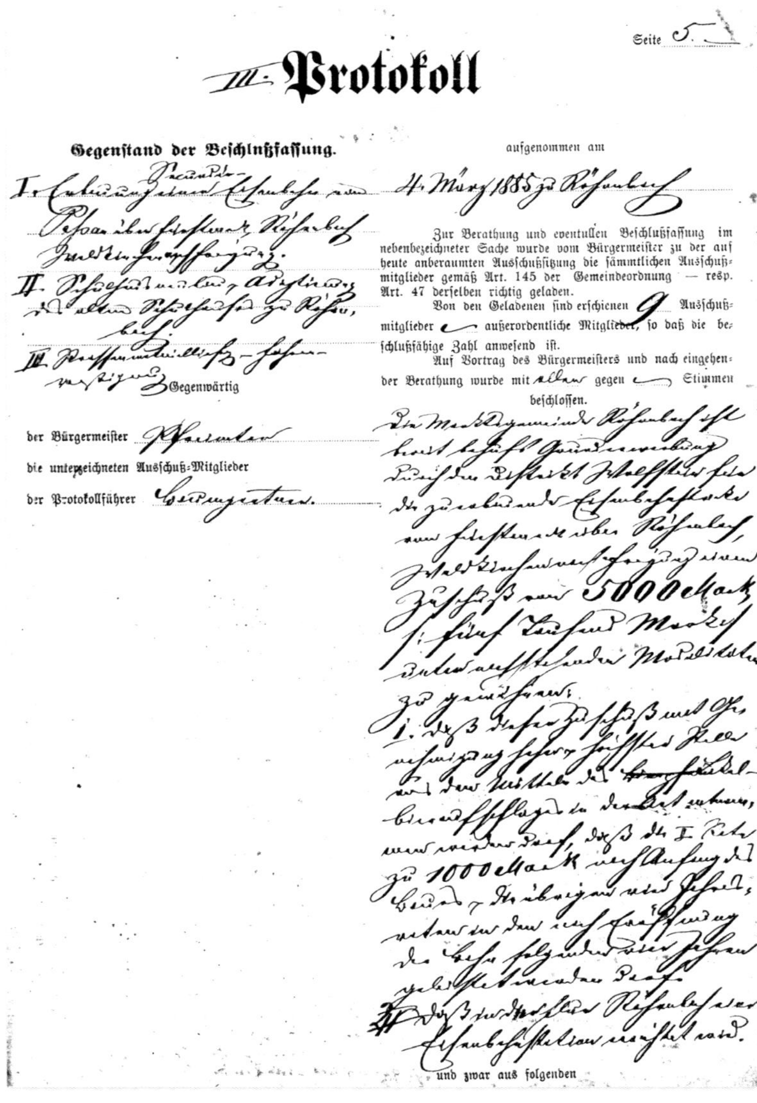

Seite 5.

III. Protokoll

Gegenstand der Beschlußfassung.

aufgenommen am 4. März 1885 zu Röhrnbach

Zur Berathung und eventuellen Beschlußfassung im nebenbezeichneter Sache wurde vom Bürgermeister zu der auf heute anberaumten Ausschußsitzung die sämmtlichen Ausschußmitglieder gemäß Art. 145 der Gemeindeordnung — resp. Art. 47 derselben richtig geladen.

Von den Geladenen sind erschienen 9 Ausschußmitglieder — außerordentliche Mitglieder, so daß die beschlußfähige Zahl anwesend ist.

Auf Vortrag des Bürgermeisters und nach eingehender Berathung wurde mit allen gegen — Stimmen beschlossen.

Gegenwärtig

der Bürgermeister

die unterzeichneten Ausschuß-Mitglieder

der Protokollführer

und zwar aus folgenden

Abb. 19: Sitzungsprotokoll der Marktgemeinde Röhrnbach über den Beschluss zur Gewährung eines namhaften Zuschusses zum Grunderwerb für den Bahnbau

Abb. 20: Eisenbahnbrücke über die Donau bei der Staustufe Kachlet (2018)

Diese wenigen Beispiele sollen die Spannungen in der Bevölkerung und zwischen den Gemeinden verdeutlichen, als es darum ging, den endgültigen Streckenverlauf festzulegen. Über einige Jahre zogen sich diese problembeladenen Auseinandersetzungen hin und wurden regelmäßig in der Tagespresse ausführlich besprochen und kommentiert.

Durchgesetzt hat sich dann schließlich doch die topographisch vernünftigere Linienführung vom Bahnhof Passau ausgehend, mit einer Brücke über die Donau unterhalb der Staustufe Kachlet. Die Stahlkonstruktion dieses Brückenbauwerks mit ihren vorgefertigten Teilen galt zur damaligen Zeit als technische Meisterleistung der planenden Ingenieure.

Von hier wandte sich die Trasse nach Norden zur Ilz und führte an ihr entlang nach Fischhaus. Nachdem es zwischen Oberilzmühle und Kalteneck keinen Übergang über den Fluss gab, wurde bereits 1893 ein Antrag eingereicht, in Fischhaus eine Brücke über die Ilz zu bauen, um den bisherigen Fährbetrieb einstellen zu können. Dem Wunsch wurde jedoch aus Kostengründen nicht stattgegeben. Erst 1952 kam es zu dem bestehenden Brückenbauwerk.

Ab hier ging es weiter Ilz aufwärts und nach einigen Kilometern, der Wolfsteiner Ohe folgend, nach Kalteneck. Die Eisenbahnkommission lehnte einen Antrag ab, den Bahnhof Kalteneck nach dem größeren Ort Hutthurm zu benennen. Auch der Doppelname „Kalteneck-Hutthurm“ fand keine Zustimmung. Im weiteren Streckenverlauf kam es beim Bau der Trasse bald zu großen Problemen. Hier verengt sich das Tal der Wolfsteiner Ohe. Die steil abfallenden Granitriegel reichen bis unmittelbar an den Fluss

Abb. 21: Tunnel bei Fürsteneck

Abb. 22: Eisenbahnbaustelle Ende 19. Jahrhunderts

heran. So mussten in Fürsteneck zahlreiche Sprengungen durchgeführt werden, um den Bau eines Tunnels zu ermöglichen.

Um allzu große Steigungen zu vermeiden, verlief die Bahnlinie entlang der Ilz und ihrer Zuflüsse über Röhrnbach weiter nach Waldkirchen und Freyung.

Nach jahrelangen zähen Verhandlungen, vielen Querelen und Umplanungen begannen im Jahr 1887 endlich die Bauarbeiten an der Trasse. Jetzt ging es flott vorwärts. Schon Mitte des Jahres wurde vermeldet, dass die Strecke zwischen Passau und Fischhaus fertig geplant, komplett ausgesteckt und nivelliert sei. Wenn man bedenkt, dass es damals noch keine entsprechenden Maschinen gab, wie sie heute bei dermaßen umfangreichen Erdbewegungen eingesetzt werden und die gesamten Arbeiten, das Planieren und Trassieren, das Brechen und Abräumen von felsigem Untergrund ausschließlich von Hand mit Pickel und Schaufel durchgeführt werden mussten, nimmt es nicht Wunder, dass der

Abb. 23: Straßen- und Eisenbahnbaustellen waren bis ins 20. Jahrhundert hinein reine Handarbeit

Abb. 24: Steinbruch

Abb. 25: Bau einer Materialseilbahn bei Waldkirchen

Abb. 26: Arbeiter beim Bau der Eisenbahntrasse nach Haidmühle

Baufortschritt in Ermangelung von Arbeitskräften bald ins Stocken geriet. Steinerne Bogenbrücken mussten gemauert, Dämme geschüttet, Hügel durchgraben werden.

Das für den Bahnbau benötigte Baumaterial kam fast zur Gänze aus der unmittelbaren Umgebung. Abgetragenes Erdreich wurde an anderer Stelle für die Dammschüttungen wieder eingebaut. Ebenso das Granitgestein, das aus den Einschnitten und Felswänden gebrochen und unmittelbar vor Ort mit Schlägeln zerkleinert worden war. Mehrere an der Trasse liegende Quetschwerke lieferten den Schotter für das Gleisbett. Sogar Seilbahnen wurden gebaut, um das benötigte Baumaterial aus entfernteren Steinbrüchen an die Baustellen zu transportieren. So brachte eine Seilbahn zwischen Fischhaus und Kalteneck aus den Brüchen bei Richting Steine über die Ilz an die Trasse. Ebenso gab es eine Seilbahn zwischen dem Steinbruch bei Mayersäge und dem Bahnhof Waldkirchen.

Abb. 27: Arbeiter beim Bahnbau

Immer wieder führten lang anhaltende Regenfälle zu großen Verzögerungen. Bis zu 1400 Männer, und auch Frauen, waren zeitweise im Einsatz. Sie kamen zum Teil aus relativ weit entfernten Orten und verdingten sich als Bahnarbeiter.

Trotz aller Widrigkeiten konnte am 1. Dezember 1890 die Strecke von Passau nach Röhrnbach feierlich eröffnet werden. Ende 1891 wurde dann Waldkirchen erreicht und bereits im März 1892 wurde dieser neue Abschnitt zumindest für den Güterverkehr freigegeben. Bis ins Jahr 1898 hinein fuhren zunächst nur Güterzüge, an die einige Personenwägen angehängt waren. Das wiederum bedeutete, dass an jeder Bahnstation rangiert werden musste. Das verlängerte die Fahrzeiten natürlich enorm. So mancher Fahrgast nutzte die Zeit, um sich, so wird berichtet, in einem nahe gelegenen Wirtshaus schnell eine „Rangierhalbe“ zu genehmigen. Erst 1906 wurden auf Antrag der Regierung von Niederbayern per Dekret Personen- und Güterverkehr voneinander getrennt.

Abb. 28: Bahnhof Röhrnbach (2017)

An dieser Stelle soll von einer eher amüsanten Begebenheit berichtet werden: Der Magistrat von Waldkirchen beantragte nämlich im Interesse seiner Bürger, dass der Personenzugverkehr in einer „vorgezogenen Ausnahme“ wenigstens in der Zeit vom 1. bis 8. Mai 1892 bis nach Waldkirchen durchgeführt werden sollte. Grund dafür war die Passauer Maidult. Dem höflichen Gesuch wurde aber nicht stattgegeben. So mussten die Waldkirchner zu Fuß nach Röhrnbach marschieren, um den Personenzug zu erreichen, der sie zur Dult nach Passau bringen sollte.

Die Strecke nach Freyung war zu dieser Zeit längst auch schon in Arbeit. Die „Waldpost“, die örtliche Zeitung, vermeldete am 29. September 1892 die Ankunft einer Dampflokomotive mit einem Personen- und einem Packwagen. Zahlreiche Ehrengäste, Honoratioren und Bürger hatten sich zum Empfang des ersten Zuges und der mitgereisten hohen Baukommission am Bahnhof versammelt. Die Enttäuschung war jedoch groß, als die Gäste nach einer Stunde schon wieder die Rückfahrt antraten.

„Als der Zug Haidmühle erreichte“

Genau 900 Jahre nach der ersten Erwähnung des „Goldenen Steiges“, dieses so bedeutsamen mittelalterlichen Fernhandelsweges, wurde unser Raum mit dem damals modernsten technischen Verkehrssystems, der Eisenbahn, erschlossen. Nach einer ungewöhnlich langen, mehrjährigen Planungsphase und dem exakten Ausnivellieren des schwierigen Geländes durch die Vermessungstrupps wurde 1908 mit den Arbeiten begonnen. Schließlich erfolgte dann in der verhältnismäßig kurzen Bauzeit von zwei Jahren der Bau der Bahnlinie von Waldkirchen an die Grenze nach Haidmühle. Im Spätherbst des Jahres 1910 fuhr der erste Sonderzug mit zahlreichen Ehrengästen aus Politik und Wirtschaft im Grenzbahnhof Haidmühle ein.

Dabei hatte sich die Trassenführung im Vorfeld der Planungen zu einem handfesten Politikum entwickelt. Zum einen hatte sich, wie Gerhard Eggersdorfer erforschte, bereits 1895 ein „Eisenbahnkomitee Breitenberg“ gegründet, das sich zum Ziel gesetzt

Abb. 29: Der Bahnhof in Haidmühle

1909

Abb. 30: Wegen des anstehenden Granits waren beim Bahnbau tiefe Geländeeinschnitte mit viel und schwerer Arbeit verbunden.

hatte, die Bahntrasse von Waldkirchen aus über Jandelsbrunn, Neureichenau, Klafferstraß und Breitenberg zu führen, um hier den Anschluss an die bereits bestehende Mühlkreisbahn in Aigen zu schaffen. Andrerseits hatte Böhmen die Bahn 1899 nach Prachatitz und 1900 über Winterberg bis nach Wallern vorangetrieben. Natürlich war jeder Ort sehr daran interessiert, einen Bahnanschluss zu bekommen, zeigte sich doch, welchen wirtschaftlichen Aufschwung die Städte, Märkte und Dörfer nahmen, die an einer Bahnlinie lagen. Aber auch die hohe Politik hatte daran großes Interesse. Vor allem dann, wenn die Grenzen zum Nachbarland erreicht wurden. Da spielten plötzlich politische und durchaus auch strategische Überlegungen eine bedeutsame Rolle. Versammlungen fanden statt. Zähe Verhandlungen wurden geführt. Bürgermeister wurden vorstellig. Wenzel Draxler, der Leiter der Wallerer Bahnkommission verhandelte mit der Bayerischen Regierung. Durch dieses langwierige Hin und Her verzögerten sich die Planungen, war ein Ende der Auseinandersetzungen nicht in Sicht. Letztlich entschied 1904 der Bayerische Landtag in München, dass die Lokalbahn von Waldkirchen an die Grenze nach Haidmühle zu bauen sei. Die Gesamtkosten übernahm mit gleichem Beschluss das Land.

Und diese Kosten waren, vor allem bedingt durch die topographischen Schwierigkeiten, enorm. Da galt es zunächst von Waldkirchen bis zum höchsten Punkt der Strecke in Frauenberg einen Höhenunterschied von 334 Metern zu überwinden, mussten etwa 780.000 Kubikmeter Gestein und Erdreich abgebaut und transportiert werden. Bis zu 25 Meter tiefe Einschnitte galt es durch den anstehenden Granit zu sprengen.

Mit Loren und kleinen Dampflokomotiven wurde der Aushub abtransportiert und an anderer Stelle als Baumaterial für die hohen Dämme aufgeschüttet. Die Bohrlöcher mussten zumindest in den ersten Jahren von Hand in den Fels getrieben werden. Die großen Steinbrocken wurden an Ort und Stelle mit Schlägeln zertrümmert, zerkleinert und in den Bahnkörper eingebaut. Und das alles ohne Maschinen, wie wir sie heute kennen. Handarbeit mit Pickel und Schaufel. Eine harte Knochenarbeit, die den Einsatz vieler Menschen erforderte. Zeitweise waren weit über

Abb. 31: Der Einschnitt bei Frauenberg

Abb. 32, 33, 34: Eisenbahnpioniere beim Verlegen der Gleise

tausend Arbeiter beschäftigt, die jedoch bei weitem nicht alle aus einer fußläufig erreichbaren Umgebung angeworben werden konnten. Um den vorgegebenen Zeitplan einhalten zu können, entschloss man sich, „Fremdarbeiter“ einzusetzen.

Mehr als 600 Italiener, vor allem aus Sizilien, aber auch aus Kalabrien und Neapel wurden für diese schweren Arbeiten angeworben. Diese fanden in ihrer Heimat keine Arbeit und konnten durch ihren Einsatz beim Bahnbau im Bayerischen Wald ihre Familien ernähren. Dass Süditaliener in unseren Breiten eingesetzt wurden, war damals keine Seltenheit. Sie bauten an den Staudämmen, Straßen- und Bahntrassen in den Alpen, waren als Mineure tätig und galten als zuverlässige, fleißige Arbeiter. Wegen ihres Könnens und ihrer reichen Erfahrung setzte man sie vorzugsweise beim Bau der Bogenbrücken und Durchlässe aus exakt behauenen Granitquadern ein. Während der Bauzeit an der Trasse nach Haidmühle wohnten sie in Baracken, waren sozusagen kaserniert. Als es im Zeitplan besonders eng wurde, verlegte man 1909 zusätzlich ein Bataillon Eisenbahn-Pioniere mit 140

Mann und vier Offizieren nach Jandelsbrunn, die im Rahmen einer Übung beim Eisenbahnbau eingesetzt wurden. Sie bewohnten extra dafür umgebaute und entsprechend ausgestattete Eisenbahnwagons, einen so genannten Bauzug.

Abb. 35: Dankeskarte der Eisenbahn-Pionier-Offiziere an Dekan Schätz

Der Bau des Lokalbahnabschnittes von Waldkirchen nach Haidmühle war wegen des schwierigen Geländes sehr kostspielig. Er belief sich auf insgesamt 3,6 Millionen Mark. Die Eisenbahnbauleitung setzte alles daran, die Eröffnungsfahrt noch vor Winterbeginn durchführen zu können. Unter großen Anstrengungen gelang das schließlich auch.

Denn das wusste man aus den leidvollen Erfahrungen während der Bauzeit, dass der „Böhmwind“ mit seinen damals noch riesigen Schneemassen einen Zugverkehr unmöglich machen konnte. Wenn die tiefen Einschnitte zugeweht waren, ging nichts mehr. Auch für die mit Schneepflügen ausgerüsteten Lokomotiven gab es dann kein Durchkommen. Die zugewehten Abschnitte mussten von Hand freigeschaufelt werden. Mitte November 1910 lud die zuständige Eisenbahndirektion Regensburg neben anderen Honoratioren aus Wirtschaft und Politik auch die Bürgermeister der anliegenden Gemeinden zu einer ersten Sonderfahrt nach Haidmühle ein. Zur gleichen Zeit übergab die Vereinigte Böhmerwald-Lokalbahnen AG die Strecke von Wallern zur Grenze nach Haidmühle dem Verkehr. Damit war eine durchgehende Bahnfahrt von Passau über Haidmühle und Wallern bis Prachatitz möglich.

Bald schon zeigte ein reger Zugverkehr, dass die Entscheidung für diese Strecke richtig war und den wirtschaftlichen Bedürfnissen sehr entgegen kam. In den ersten Jahren befuhren bis zu fünf Personenzugpaare und wenigstens zwei Güterzüge diese Strecke täglich.

Die Strecke Passau–Waldkirchen–Haidmühle

Vor allem im letzten Viertel des 19. Jahrhunderts hatte ein richtiger Bahnbauboom eingesetzt. Einerseits hatte sich die Bayerische Staatsregierung aus wirtschaftlichen und gesellschaftspolitischen Gründen zum Ziel gesetzt, das Land mit einem angemessen dichten Liniennetz zu überziehen, und zum andren erkannten die Städte und Gemeinden bald schon die Bedeutung der Bahn für die Entwicklung ihrer Kommunen. So ist es nicht verwunderlich, dass gegen Ende des 19. Jahrhunderts dem Landtag über 100 Anträge zum Bau von Lokalbahnen vorlagen. Davon waren etwa 70 zur baldigen Beratung vorgemerkt. Aus finanziellen Gründen wurde schnell klar, dass zunächst für den vorgesehenen Planungszeitraum von vier Jahren lediglich 34 Projekte zur Beschlussfassung aufgenommen werden konnten. Die übrigen Anträge mussten also auf den darauffolgenden Planungsabschnitt von weiteren vier Jahren verschoben werden.

Zu den Vorhaben, die möglichst bald in Angriff genommen werden sollten, gehörte die beantragte Teilstrecke von Waldkirchen zur Landesgrenze bei Haidmühle. Dabei bildeten sich schnell zwei Lager, was die Streckenführung anbelangte. Der „Waldkirchner Anzeiger" vom 23. Februar 1905 geht auf diese Problematik explizit ein. Hier konnte man lesen:

> Der Staatsvertrag über neue Eisenbahnverbindungen zwischen Bayern und Österreich enthält auch Bestimmungen über die Ausführung einer Eisenbahnverbindung von Wallern nach Waldkirchen. Wallern ist Endstation der Lokalbahn Strakonitz –Winterberg–Wallern; von dort aus soll die Bahn österreichischerseits bis Haidmühle an der Grenze fortgesetzt werden, während von bayerischer Seite die Fortsetzung der Bahn Passau –Freyung von Waldkirchen aus bis zur Landesgrenze projektiert ist. Dadurch wird eine Bahnverbindung zwischen Passau und

dem südwestlichen Teile Böhmens hergestellt und also eine alte, einst sehr belebte Handelsstraße, der sogen. Goldene Steig von Passau, durch den alten Grenzwald nach Prachatitz in Böhmen in neuer Form wieder ins Leben gerufen werden nachdem er infolge handelspolitischer Maßregeln seit dem 17. Jahrhundert mehr und mehr einer dauernden Verödung anheimgefallen ist. Schon im Jahre 1871 war die Erbauung einer direkten Bahnlinie von Passau nach dem südwestlichen Böhmen ins Auge gefaßt; im Jahre 1873 wurde zwischen Bayern und Österreich ein Staatsvertrag abgeschlossen, nach welchem die Bahn von Passau über Waldkirchen und Auersbergsreut an die bayerisch-böhmische Grenze bei Kuschwarda und von da über Winterberg und Wolin nach Strakonitz geführt werden sollte. Dieses Projekt kam nicht zur Ausführung; später wurde nur die Lokalbahn Passau–Freyung gebaut, während in Böhmen andere Sackbahnen, hierunter die Bahn Strakonitz–Winterberg–Wallern, eröffnet wurden. Mit letzterer soll nun die Bahn Passau–Freyung von Waldkirchen aus zusammengeschlossen werden. Es ist geplant, die Bahn auf bayer. Seite über Pollmannsdorf, Traxing und Ratzing, dann über Erlauzwiesel, Hinterwollaberg, Jandelsbrunn, Neureichenau, Frauenberg bis Haidmühle zu führen (Entfernung 24 km), so daß von Passau aus die Grenzstation Haidmühle nur noch 62 km entfernt sein wird. Die kursiv gedruckten Orte werden Haltestellen der neuen Lokalbahn, welchen in Folge des großen Waldbestandes große Holztransporte in Aussicht stehen. Mehr als 5600 ha Staatswaldungen der Forstämter Neureichenau und Bischofsreut mit bis zu 200 Jahre alten haubaren Beständen können nach Eröffnung der Bahn einer rationellen Bewirtschaftung unterworfen

> werden und wird die Triftung nach Fürsteneck künftig aufhören. Der Personen- und Touristenverkehr, der im Sommer besonders nach Kalteneck, Fürsteneck, Freyung schon ein starker war, wird gesteigert und der Dreisesselberg noch bequemer erreicht werden. Handel und Verkehr werden sich in dem großen Verkehrsgebiete heben, neue industrielle Anlagen werden entstehen. Deshalb hat die bayer. Staatsregierung die Erbauung der teuren Bahn – sie wird 3 ½ Millionen kosten – dem Landtage vorgeschlagen und dieser auch in Erkennung der Bedeutung der Bahn die geforderten Mittel vor einem Jahre bewilligt; die Rendite auf der 50 Kilometer langen Bahn Passau–Freyung, die nahezu 6 Mill. Mark kostete und neben der Pichlerbahn Passau–Hauzenberg eine der kostspieligsten Lokalbahnen Bayerns ist, wird durch die Zweigbahn Waldkirchen–Böhmen zweifellos gehoben werden.

Vor allem im Jahr 1899, als die Entscheidung für den endgültigen Verlauf der Strecke anstand, prallten die Meinungen heftig aufeinander. Unstrittig schien zunächst die Trassenführung ab Waldkirchen bis Jandelsbrunn. Aber während die eine Interessengruppe an der alten, bereits genehmigten Planung festhielt, die Bahnlinie an die Grenze nach Haidmühle zu führen, machten sich jetzt plötzlich die Gemeinden im Raum Breitenberg stark für die Projektierung einer Trasse über Breitenberg zur österreichischen Grenze mit Anschluss an die Mühlviertelbahn. Die Forderung, das Lokalbahnprojekt Waldkirchen–Breitenberg in den nächsten Gesetzentwurf aufzunehmen, wurde damit begründet, dass „nur die Bahn diese Gegend vor dem vollständigen Ruin bewahren“ könne und dass „die bestehende Straße veraltet, unpraktisch und total zusammengefahren“ sei. Es wäre besser, „in die Bahn zu investieren als in die Straße“, und außerdem käme die Bahn billiger. Man betonte in dem Ansuchen auch, dass „sowohl die Leinenindustrie um Breitenberg als auch die Glasindustrie, die noch in Resten vorhanden“ sei, ohne die Bahn nicht überleben würden. Ferner hieß es, dass wegen fehlender Arbeitsplätze „seit geraumer Zeit viele junge Menschen nach Oberbayern und Mittelfranken auswandern“ würden. Letztlich würde also die umstrittene Trassenführung „zur Lebensfrage für eine ganze Gegend“ werden. Zahlreiche Versammlungen wurden an verschiedenen Orten abgehalten, Delegationen sprachen an maßgebenden Stellen vor, Abgeordnete wurden um Unterstützung gebeten. Schließlich erreichte dann am 25. Mai 1899 ein Schreiben der Eisenbahnplanungsbehörde die Verfechter der Breitenberger Trassenvariante, in dem es hieß:

Wegscheid und Hauzenberg werden eine Bahn erhalten. Das Bahnprojekt Waldkirchen – Jandelsbrunn – Neureichenau – Breitenberg dürfte schwerlich seine Genehmigung finden; schon aus dem Grunde nicht, weil inzwischen bei der k. Staatsregierung ein bereits vor 25 Jahren beschlossener Staatsvertrag zwischen dem benachbarten Österreich in Erinnerung gebracht wurde, wonach einer Aktien-Gesellschaft schon dortmals die Konzession zur Bahnführung von Österreich her über Haidmühle – Jandelsbrunn nach Waldkirchen erteilt wurde. Im Interesse des Verkehrs und der engen Beziehungen beider Länder zueinander erscheint eine Bahnführung in dieser Richtung sehr zweckdienlich. Wenn sich also heute eine Aktien-Gesellschaft bildet, so kann sie ohne Weiteres morgen schon den Bahnbau beginnen, da die Linie bereits genehmigt ist.

Daraufhin wurde das Bahnprojekt von Waldkirchen über Breitenberg zur Landesgrenze nicht mehr weiterbetrieben. Ab jetzt wurde alles darangesetzt, die Planung Waldkirchen Jandelsbrunn–Neureichenau–Haidmühle voranzutreiben. Verständlicherweise war man vor allem aus wirtschaftlichen Gründen auch auf österreichischer Seite daran interessiert, die Eisenbahn in Böhmen bis zur Grenze zu bauen, um den Zusammenschluss beider Trassen zu erreichen. Mitte Juni 1899 fand dazu im böhmischen Eleonorenhain eine erste Besprechung „von Interessenten für die Erbauung einer Bahnlinie an die bayerische Grenze" statt. Die Bedeutung dieses Treffens lässt sich allein schon an der Beteiligung hochrangiger Vertreter beider Länder ablesen. Auf bayerischer Seite führte der Reichstags-Abgeordnete Dr. Pichler die Delegation an. Dr. Pichler hat sich in den folgenden Jahren so vehement und mit fortwährend großem Engagement für diese Linie eingesetzt, dass sich im Volksmund der Begriff „Pichlerbahn" für die Strecke Waldkirchen–Haidmühle lange Jahrzehnte gehalten hat. Die böhmisch-österreichische Seite vertraten bei diesem Treffen Baron Ritter von Krallik und mehrere Abgesandte aus dem Fürstenhaus Schwarzenberg. Fürst Schwarzenberg selbst wurde zu einem spendablen Förderer dieser Bahnlinie, hatte er doch großes Interesse daran, das Holz aus seinen riesigen Waldgebieten mit der Bahn abtransportieren und gewinnbringend verwerten zu können. Die Strecke sollte von Wallern über Eleonorenhain nach Haidmühle und von da aus über Jandelsbrunn und Waldkirchen nach Passau führen. Dieser Trassenverlauf war eigentlich längst durch den erwähnten Staatsvertrag abgesichert.

In dieser ersten, von wirtschaftlichen, aber auch politischen Erwägungen bestimmten gemeinsamen Besprechung in Eleonorenhain wurde auch beschlossen, die ebenfalls ins Auge gefasste Linie von Freyung nach Kuschwarda in Böhmen mangels Interesse fallen zu lassen.

Bereits am 5. September 1899 traf man sich wieder. Diesmal auf bayerischer Seite „im Lang'schen Bräuhaus zu Jandelsbrunn", um weitere Details zu besprechen. Es ging erfreulich zügig voran. Schon am 23. Oktober desselben Jahres genehmigte die Distrikts-Versammlung des Bezirks Wolfstein in Freyung einstimmig „die Übernahme der Projektierungskosten für die Bahnlinie Waldkirchen–Haidmühle–böhmische Grenze" in Höhe von 2.350 Mark sowie die „nötigen Grunderwerbungskosten". Trotz all dieser günstigen Voraussetzungen geriet das gesamte Vorhaben immer wieder ins Stocken, kamen die Planungen nur schleppend voran.

Die Ursachen dafür waren vielfältig. Vor allem fehlte es an geeignetem, für den Eisenbahnbau entsprechend ausgebildetem Personal. Bis gegen Ende des 18. Jahrhunderts gehörte es ausschließlich zum Aufgabenbereich der Architekten, Schlösser zu planen, bedeutende öffentliche Gebäude zu errichten, Brücken zu konstruieren und Straßen zu projektieren. Das änderte sich aber rasch, als zunehmend Gusseisen, Stahl und Beton als neue und vielseitig einsetzbare Baumaterialien Verwendung fanden. Bald schon erkannte man, dass es einer speziellen Ausbildung bedurfte, um die vielen Möglichkeiten und spezifischen Erfordernisse dieser neuen Werkstoffe beherrschen und in vollem Umfang ausschöpfen zu können. Mit der Gründung von Polytechnischen Schulen um 1800 trug man von Seiten des Staates dieser Entwicklung angemessen Rechnung. Das Studium des Ingenieurwesens mit all seinen speziellen Zweigen und Ausbildungsrichtungen entwickelte sich aber erst so richtig ab der ersten Hälfte des 19. Jahrhunderts. Diese neuen Studiengänge galt es in ihren Anforderungen zu definieren, Ausbildungspläne und Prüfungsordnungen für Hoch- und Tiefbau, für Vermessungstechnik, Stahl- und Maschinenbau mussten erst mal ausgearbeitet werden. Es dauerte deshalb verhältnismäßig lange, bis gut ausgebildete Ingenieure und Konstrukteure die Technischen Hochschulen verließen. Deshalb standen gerade in dieser Zeit, als in ganz Europa Straßen, Brücken, Eisenbahnen und vielerlei Maschinen entstanden, viel zu wenige gut ausgebildete Fachleute zur Verfügung, um all die anstehenden technischen Arbeiten in der gewünschten kurzen Zeit zu erledigen.

Zum anderen war der Staat nicht in der Lage, für sämtliche geplanten und genehmigten Bahnlinien die erforderlichen finanziellen Mittel sofort in vollem Umfang zur Verfügung zu stellen. Somit hatte auch der bayerische Staat kein großes Interesse daran, den Bau der Linie Waldkirchen–Haidmühle in besonderer Weise zu forcieren. Im Gegenteil, jede Verzögerung spielte der Regierung sozusagen durchaus in die Karten.

Abb. 36: Eisenkonstruktion für den Brückenbau

Das Verfahren schleppte sich etwa drei Jahre dahin, ohne erkennbare Fortschritte zu erzielen. Und das stieß zunehmend auf den Unwillen der betroffenen Gemeinden und privaten Interessenten. Um das Vorhaben voranzutreiben, wurde ein „Komitee für die Erbauung einer Lokalbahn von Waldkirchen nach Haidmühle“ gegründet, das schließlich Ende Oktober 1902 unter der Federführung des Jandelsbrunner Brauereibesitzers Lang zu einer Versammlung ins Gasthaus Resch nach Neureichenau einlud. Neben zahlreichen hochrangigen Gästen, wie dem Reichstags-Abgeordneten Dr. Pichler, dem Landtags-Abgeordneten Schramm und führenden Vertretern des böhmischen Eisenbahnkomitees nahmen mehrere Abordnungen aus insgesamt fünfzehn Gemeinden des weiteren Umkreises daran teil. Dabei wurde die Dringlichkeit des Lückenschlusses zwischen Waldkirchen und der Landesgrenze besonders herausgestellt, zumal man nach der Fertigstellung dieses Abschnittes drei Bahnlinien in Böhmen

Abb. 37: Arbeiter beim Bahnbau mit ihrer Lokomotive

benutzen könnte: zum einen die Strecke nach Wallern und von dort über Salnau, Oberplan, Höritz und Krumau mit dem Ziel Budweis, oder die Linie nach Prachatitz, und über Wodnian nach Netolitz. Als dritte Möglichkeit könnte die Bahnlinie von der Grenze über Eleonorenhain, Winterberg und Wolin nach Strakonitz benutzt werden. Jede dieser Strecken würde zur Hauptbahnlinie Wien–Prag führen.

Das Ergebnis dieser Besprechung bewog wohl die maßgebenden Stellen dazu, die Planungen für die Lokalbahnlinie Waldkirchen–Haidmühle endlich verstärkt aufzunehmen. Aber nicht nur wegen der teilweise schwierigen topografischen Gegebenheiten kam die Projektierung der Trasse nur langsam voran. Immer wieder wurden Einsprüche und Wünsche einzelner Gemeinden laut, die samt und sonders das durchaus verständliche Ziel verfolgten, den Verlauf der Strecke möglichst nahe an ihre Ortschaften heranzuführen. So kam es beispielsweise drei Jahre später, am 17. Januar 1905, zu einer Versammlung von Eisenbahn-Interessenten in Hintereben, die trotz eines heftigen Schneesturms durchgeführt wurde und viele Besucher anlockte. Dabei wurden in einer recht hitzigen und nicht immer sachlich geführten Diskussion diverse Abweichungswünsche von der geplanten Trasse in einem relativ kleinen Teilbereich erörtert. Drei Varianten lagen vor: Eine Gruppe wollte den Streckenverlauf über Hintereben verlagert wissen, eine zweite Interessengruppe machte sich für eine Umleitung nach Grainet stark. Letztlich setzten sich dann doch die Vertreter der Trasse über Jandelsbrunn durch, zumal „Herr Brauereibesitzer Lang kundtat, dass er andernfalls seinen bereits zugesagten Zuschuss zum Bahnbau zurückziehen würde“. Trotz aller Meinungsverschiedenheiten rang man sich schließlich zu einer Resolution durch, in welcher dem geplanten Streckenverlauf über Jandelsbrunn der Vorzug gegeben wurde.

So gab es entlang der Trasse, wie andernorts auch, fortwährend Verzögerungen durch allerlei Änderungs- und Sonderwünsche. Zum Beispiel wollte der Fabrik- und Gutsbesitzer Danzer, dem unter anderem die Mayersäge zwischen Waldkirchen und Böhmzwiesel gehörte, für den Bahnbau Waldkirchen–Haidmühle 3000 Mark zuschießen, wenn „in der Nähe seines Etablissements eine Haltestelle errichtet“ würde. Der Betrag war so verlockend hoch, dass sich das Eisenbahnkomitee dafür entschied, in der Mayersäge eine Haltestelle einzurichten. Allerdings unter der Auflage, dass Danzer die Erdarbeiten finanzieren müsse und für eine Beleuchtung zu sorgen habe. Darüber hinaus obläge ihm auch die Räum- und Streupflicht. Bei dem Verfahren kam es außerdem zu sich lange hinziehenden Streitigkeiten mit den umliegenden Gemeinden, die zwar von einer Haltestelle Mayersäge durchaus profitierten, aber sich hartnäckig weigerten, einen Zuschuss zu geben zur Finanzierung des Vorhabens. Wenn man bedenkt, dass all diese Absprachen zunächst ausgehandelt und dann von einem Notar in die entsprechende Vertragsform gebracht werden mussten, so erklären sich damit die vielen zeitlichen Verzögerungen.

Am 16. Februar 1905 konnte man schließlich im Waldkirchner Anzeiger lesen, dass der Bahnbau Waldkirchen–Haidmühle entsprechend dem vorliegenden Planungsentwurf endlich genehmigt ist und der Distriktratsausschuss 10.000 Mark für den Grunderwerb zur Verfügung stellen wird. Auf Anfrage des Eisenbahnkomitees im Bezirk Wolfstein teilte die Bayerische Staatsregierung Anfang 1905 mit, dass „der Bau der Lokalbahn Waldkirchen–Haidmühle erst 1907 in Angriff genommen werden soll" und dass „gegenwärtig an den projektierten Kurven Erdaushub-Proben genommen werden. Außerdem fehlt es infolge der vielen Bahnbauten an technischem Personal". Diese Aussage und die damit verbundene weitere Verzögerung stießen bei der Bevölkerung auf wenig Verständnis. Vielleicht auch um die zunehmend angespannte Lage etwas zu beruhigen, wurde von der Eisenbahnverwaltung im Januar 1906 festgelegt, die Betriebsleitung der künftigen Bahnlinie in Waldkirchen zu etablieren.

Die Vermessungs- und Planungsarbeiten kamen jedoch weiterhin nur langsam voran. Daher wuchs die Ungeduld in der Bevölkerung erneut an. Schließlich wurde der Druck der betroffenen Gemeinden und privaten Interessenten auf die Generaldirektion der königlich bayerischen Staatsbahnen so groß, dass man sich entschloss, das Vorhaben zügiger zu bearbeiten. Das hatte zur Folge, dass Mitte Oktober 1906 die Detailplanungen für die Bahnlinie Waldkirchen–Haidmühle fertiggestellt waren. In einem Schreiben an das königliche Bezirksamt Freyung teilte die Behörde mit, „dass mit der Bauausführung sofort begonnen werden kann, sobald der Distrikt die 166.800 Mark Grunderwerbskosten erlegt hat". Dabei waren bereits durchaus namhafte Beiträge eingegangen. So hatten der Forstärar bereits 50.000, der Distrikt Wolfstein 60.000 und die Stadt Passau 15.000 Mark verbindlich zugesagt. Außerdem steuerten insgesamt zwölf Gemeinden den ansehnlichen Betrag von 10.800 Mark bei. Den Rest sollten Privatpersonen aufbringen. Die Finanzierung war gesichert. Daraufhin wurde mitgeteilt, dass im Frühjahr 1907 mit dem Bahnbau begonnen würde. Die Ernsthaftigkeit dieser Zusage wurde dadurch untermauert, dass der „leitende Bahnbaubetriebs-Ingenieur" bereits für zwei Jahre eine Wohnung in Waldkirchen gemietet hatte. Die Androhung eines „Zwangsenteignungsverfahrens“ brachte die letzten Grundeigentümer, die nicht abgabebereit waren, im Juni 1907 an den Verhandlungstisch. Es konnte endlich losgehen.

Veranschlagt war für den Bau der Trasse Waldkirchen–Haidmühle ein Zeitraum von zwei Jahren. Ein ehrgeiziges Ziel in Anbetracht der schwierigen topografischen und klimatischen Bedingungen. Im Jahr 1908 wollte man Jandelsbrunn erreichen und bereits ein Jahr später die Landesgrenze. Um diesen knappen Zeitrahmen einhalten zu können, wurden zusätzlich zu den Arbeitskräften aus der Umgebung sowohl ein großer Trupp italienische Arbeiter als auch ein ganzes Bataillon Eisenbahnpioniere eingesetzt.

Anfang November 1910 war es dann soweit, die Strecke konnte befahren werden. Anlässlich einer ersten technischen Probefahrt mit zahlreichen Ehrengästen und hochrangigen österreichischen Regierungsvertretern wurden „die Honoratioren zu einer kleinen Festlichkeit und einem Festmahl in die Lang’sche Restauration“ in Haidmühle geladen. Wenige Tage später erfolgte dann für die Vertreter der beteiligten Gemeinden und die Zuschussgeber mit einer Sonderzugfahrt ab Waldkirchen die offizielle Eröffnung der Lokalbahn Waldkirchen–Haidmühle.

Eine heitere Episode ereignete sich im Februar 1912. Am Faschingsdienstag errichteten als Ulk mehrere Burschen an der Haltestelle in Altreichenau aus Schnee ein Bahnhofsgebäude mit Dienst- und Warteraum. „Unter Gelächter und beifälligem Klatschen nahm ein Bahnhofsdirektor mit einer meterhohen roten Mütze die Fahrkarten entgegen“. Dahinter verbarg sich natürlich versteckte Kritik. Es waren nämlich die Erd-, Mauerer-, Steinhauer- und Zimmermannsarbeiten für die Bahnhöfe entlang der Strecke längst ausgeschrieben worden, aber für Altreichenau war aus Kostengründen ein solches Dienstgebäude nicht vorgesehen, obwohl man sich von Seiten der Gemeinde immer wieder intensiv darum bemüht hatte.

Die Linien Passau–Erlau–Hauzenberg und Erlau–Obernzell–Wegscheid

Ein Krimi

Ausgelöst durch das Bestreben der Königlich Bayerischen Staatsregierung, das ganze Land mit einem sinnvoll geplanten Eisenbahnnetz zu überziehen, wurden gegen Ende des 19. Jahrhunderts von immer mehr neu gegründeten Eisenbahnkomitees, aber auch von privaten Interessentengruppen und Gemeinden Anträge zum Bau von Lokalbahnlinien gestellt. Eine schiere Flut an Resolutionen und Gesuchen galt es zu sichten, zu bewerten und gegebenenfalls in die Planungen aufzunehmen. Auch im Unteren Bayerischen Wald war das Interesse an einer Erschließung durch die Eisenbahn sehr groß. So stellten neben vielen anderen auch die Gemeinden Erlau, Obernzell, Untergriesbach, Hauzenberg und Wegscheid mehrere Anträge, um in die Planungen mit aufgenommen zu werden.

Vom 15. bis 17. Juli 1896 bereiste deshalb ein Oberingenieur aus der Bauabteilung der Generaldirektion der Königlich Bayerischen Staatseisenbahn einen Teil dieses Landstrichs, um verschiedene in letzter Zeit projektierte Bahnlinien in Augenschein zu nehmen. So auch die voraussichtliche Streckenführung von Passau über Erlau nach Obernzell. Dabei konnten von den betroffenen Gemeinden und privaten Interessenten Anträge zum Verlauf der Trasse, zu gewünschten Anschlüssen und zur Einrichtung von Haltestellen vorgetragen werden.

Nach einer Vorbesprechung im Rathaus von Passau wurde am 15. Juli zunächst das Gelände auf dem Gebiet der Stadt besichtigt, durch das später die Trasse nach Obernzell geführt werden sollte. Darauf wurde die geplante Linienführung nach Erlau mit einer Kutsche abgefahren. Noch am gleichen Tag begutachtete man eine eventuell mögliche Strecke von Erlau über Hauzenberg nach Fischhaus. Am nächsten Vormittag wurde die angedachte Linie Passau–Untergriesbach–Hauzenberg bereist und am Nachmittag nahm man sich die Alternativstrecke Untergriesbach–Wegscheid vor. Am 17. Juli sah man sich den ins Auge gefassten Streckenverlauf von Wegscheid über Breitenberg nach Jandelsbrunn an und fuhr nachmittags die Strecke von Jandelsbrunn nach Waldkirchen ab. Ein straffes Programm! Und das alles mit von Pferden gezogenen Kutschen, über holprige Sandstraßen, die allenfalls die Qualität wenig gepflegter Forstwege aufwiesen. Solche so genannte „Bereisungen" waren anstrengend, mühselig und zeitraubend. Mit den Pferdefuhrwerken kam man nur langsam voran und immer wieder gab es Unterbrechungen, wenn sich an einer Stelle, die in Bezug auf die Trassenführung strittig war, Grundstücksbesitzer, Bürgermeister oder betroffene Privatpersonen versammelt hatten, um ihre Wünsche und Vorstellungen vorzutragen. Gelegentlich kam es dabei zu hitzigen Diskussionen, hing doch an der Streckenführung das zu erwartende wirtschaftliche Aufblühen einer Gegend, eines Ortes, eines Betriebes ab.

Der Streckenverlauf blieb über Jahre umstritten. Zwei Strecken standen zur Debatte: Passau–Fischhaus–Hauzenberg–Wegscheid oder jene von Passau über Erlau, Obernzell und Untergriesbach nach Wegscheid mit einer Abzweigung in Erlau hinauf nach Hauzenberg. Die Trasse über Fischhaus fand unter anderem deshalb viele Befürworter, weil die Züge den bereits bestehenden Abschnitt der Strecke Passau–Waldkirchen bis Fischhaus hätten befahren können. Gegen diese Lösung sprach jedoch, dass sie nicht nur acht Kilometer länger werden würde, sondern dass sie im weiteren Verlauf wegen der topografischen Gegebenheiten erhebliche Kosten verursachen würde. Für die Alternativvariante über Erlau sprach in erster Linie deren relative Kürze. Allerdings musste man bei dieser Lösung in Kauf nehmen, dass die Züge zunächst aus dem Bahnhof Passau hinaus und über die bestehende Kaiserin-Elisabeth-Brücke bis zur österreichischen Grenze ***geschoben*** werden müssten, um von da an, nach einer Spitzkehre, am rechten Innufer entlang über eine noch zu errichtende Donaubrücke nach Erlau ***gezogen*** zu werden. Man konnte sich auf keine der beiden Trassen einigen. Beide Seiten hielten zahlreiche Versammlungen ab, um die jeweils betroffenen Gemeinden und privaten Interessenten zu sensibilisieren. Argumente für und wider die eine oder andere Lösung wurden teils sehr emotional vorgetragen, zahlreiche Resolutionen gingen bei der Generaldirektion ein. Am eifrigsten legten sich die Befürworter der Trasse Passau–Erlau–Obernzell–Untergriesbach ins Zeug. Als Vorsitzenden für ihren Vorschlag konnten sie den angesehenen Bürgermeister der Stadt Passau, Herrn Muggenthaler, gewinnen. Mehrmals wurde eine Delegation bei der Staatsregierung in München vorstellig. Immerhin erreichte man durch das große Engagement, dass sich der zuständige Minister, Herr von Crailsheim, „günstig für eine Bahnlinie in den Unteren Bayerischen Wald" aussprach. Aber durch das langwierige Hin und Her verzögerte sich eine verbindliche Planung bis April 1899. Es scheint, dass diese Verzögerung der Bayerischen Staatsregierung jedoch gar nicht ungelegen kam, lagen in dieser Zeit doch mehr als 70 Anträge zur Errichtung von Lokalbahnen in den bisher wenig erschlossenen Gebieten Bayerns vor. Die finanziellen Mittel dazu reichten jedoch über einen absehbaren Zeitraum allerhöchstens für die Hälfte der Vorhaben. Den Vorzug bekamen stets die Gebiete, in denen man sich auf den Verlauf einer Trasse rasch geeinigt hatte und dort, wo die Abgabe der benötigten Grundstücke unproblematisch verlief.

Am Sonntag, den 12. April 1899 kam es schließlich zu einer abschließenden Versammlung in Hauzenberg. Weit über 200 Vertreter von Gemeinden und dazu viele private Interessenten folgten der Einladung, die von den Anhängern der Linie Passau–Fischhaus–Büchlberg–Hauzenberg–Wegscheid ergangen war. Offenbar ging es dabei ziemlich heiß her. Behauptungen über die Höhe der zu erwartenden Kosten, die Länge der Strecken und die jeweiligen Vorteile wurden von beiden Seiten abwechselnd energisch vorgetragen, entsprachen aber nicht immer der Wahrheit. Fake news, würde man heute sagen, machten die Runde. Das Ergebnis der Zusammenkunft wurde im „Waldkirchner Anzeiger" vom 13. April 1899 recht anschaulich kommentiert: „Nach dem Gange der Versammlung konnte man die Überzeugung gewinnen, dass die Linie über Fischhaus viele Freunde verloren und die andere Linie ebenso viele gewonnen hat." So kam es, dass nur noch 70 von über 200 Anwesenden die Resolution zum Bau der Trasse über Fischhaus unterschrieben.

Der Streit über die Streckenführung dieses neuen Bahnprojekts spitzte sich erheblich zu, fand jedoch Ende April 1899 ein unerwartet jähes Ende, „indem sich laut offizieller Mitteilung aus

München die Königliche Staatsregierung für die Linie Passau–Erlau–Obernzell–Untergriesbach–Wegscheid mit der Abzweigung von Erlau nach Hauzenberg ausgesprochen hat".

Damit waren aber noch längst nicht alle Hürden überwunden. Ab jetzt ging es um die detaillierte Projektplanung, also um den exakten Verlauf der Bahntrasse. Das wiederum weckte erneut vielerlei Änderungswünsche und Begehrlichkeiten. Vor allem jedoch bereiteten im weiteren Verlauf die Finanzierung des Vorhabens und die geforderten Grundabtretungsverfahren immer wieder Schwierigkeiten. In den ersten Monaten schien es so, als könnte der Bau der geplanten Linie schnell in Angriff genommen werden, da bereits Anfang Juli 1899 die Summe von 104.720 Mark an Grunderwerbskosten gezeichnet war und mehrere Gemeinden und Grundstücksbesitzer die benötigten Flächen unentgeltlich abgetreten hatten. Deshalb verkündete am Johannitag 1899 der Landtagsabgeordnete Schramm bei einer Versammlung etwas voreilig, dass „die Erbauung der Bahn gesichert" sei. Aber schon einen Monat später kam erneut Unruhe auf, da sich herausstellte, dass der Abschnitt Passau–Erlau ins Stocken geriet, weil eben doch noch nicht alle Grunderwerbskosten aufgebracht waren.

Für Grundablösungen mussten laut Gesetz die beteiligten Gemeinden und Interessenten aufkommen. Nach den offiziellen Berechnungen hätten sich die Kosten für die gesamte Strecke auf 4.285.000 Mark belaufen. Der Zuschuss von Seiten des Staates in Höhe von 4.125.000 Mark war durch einen Landtagsbeschluss vom 30. Januar 1900 bereits genehmigt worden. Trotzdem war die vergleichsweise kleine Finanzierungslücke offensichtlich nur schwer zu schließen, was vor allem mit der geringen Wirtschaftskraft der Gegend zu erklären ist, durch welche die Trasse geführt werden sollte. Die dadurch erneut drohende Verzögerung führte vor allem in Wegscheid zu begreiflicher Erregung, hatte man doch die Befürchtung, dass nicht gleich von Erlau Richtung Obernzell und Wegscheid weitergebaut werden würde und dass das gesamte Projekt eventuell auf weitere ungeahnte Hindernisse stoßen könnte.

Abb. 38: Die Kräutelsteinbrücke über die Donau

Erst als die langwierigen, zähen Verhandlungen über den Grunderwerb und die finanzielle Beteiligung der Anrainergemeinden zum Abschluss gekommen waren, wurde zügig weitergebaut. Viel Zeit nahm die Errichtung der Eisenbahnbrücke über die Donau unterhalb Passau, unmittelbar an der Landesgrenze zu Österreich, in Anspruch. Eine beachtliche Ingenieurleistung, die sowohl wegen ihrer imposanten, weit gespannten Bögen aus Granitquadern im Uferbereich als auch ihrer modernen Stahlkonstruktion über den Fluss in der Fachwelt große Beachtung fand.

Beim Bau der Bahntrassen kam es immer wieder zu Unfällen. Sicherheitsbestimmungen, wie sie heute üblich und unabdingbar sind, gab es damals noch nicht. Freilich wurden allerhand Vorkehrungen getroffen, um Unfälle und Verletzungen zu vermeiden, aber noch war der Sicherheitsstandard vergleichsweise recht niedrig. Vor allem beim Bau der Brücken über die breiten Flüsse kam es wiederholt zu bedauernswerten Vorkommnissen. Mit allerhand Baumaterial beladene Zillen kenterten mehrfach, Arbeiter stürzten beim Vernieten der Stahlträger meist aus

Abb. 39: Kräutelsteinbrücke 2017

Unachtsamkeit und mangelnder Sicherheitsausrüstung in den schnell fließenden Fluss. Fast immer gelang es, die Unglücklichen aus den Fluten zu retten, denn aus Vorsorge trieben in der Regel einige Zillen an langen Seilen flussabwärts unter der Brückenbaustelle. Diese waren während der Arbeitszeit mit je einem Mann besetzt, der gegebenenfalls mit einer langen Rettungsstange, an der ein weiter Metallring befestigt war, das Unfallopfer zu sich in das rettende Boot ziehen konnte. Aber nicht immer endeten derlei Vorkommnisse einigermaßen harmlos. So kam es beispielsweise 1903 beim Bau der Kräutelsteinbrücke zu einem Unfall, bei dem ein Arbeiter den Tod fand. Eine schwer beladene Zille war gekentert. Während vier Männer ein Stahlseil zu fassen bekamen, sich daran festhalten und gerettet werden konnten, ertrank ein Arbeiter in den Fluten der Donau.

Trotz aller Schwierigkeiten und bedauerlichen Vorkommnisse war im Sommer 1904 die Strecke von Passau nach Erlau fertiggestellt und erreichte auch einige Zeit später Hauzenberg. Bereits im Juli 1905 gab es die ersten Erfolgsmeldungen. So berichtete damals

Abb. 40: Zug in der Innstadt mit Blick auf die Altstadt von Passau

die lokale Presse, dass „die Eisenbahnlinie Passau–Hauzenberg stark frequentiert wird“ und dass „viele Sommerfrischler in Hauzenberg und Umgebung die herrliche Landschaft erkunden und die gesunde frische Luft genießen“. Die Bahn löste damit nicht nur den erwarteten wirtschaftlichen Aufschwung aus, sie eröffnete darüber hinaus auch im Bereich des Tourismus ungeahnte Möglichkeiten.

Derlei Erfolgsgeschichten bestärkten natürlich die Staatsregierung in ihren weiteren Planungen und ermunterten andere Kommunen dazu, auf einen zügigen Weiterbau ihrer Projekte zu drängen.

Jetzt sollte also schnellstmöglich mit der Abzweigung in Erlau die Bahnlinie nach Obernzell in Angriff genommen und von dort über

Untergriesbach, Oberötzdorf, Wildenranna und Mitterwasser nach Wegscheid weitergeführt werden. Dazu mussten aber noch die beiden Kammern des Landtags die erforderlichen Mittel bereitstellen. Wieder wurde eifrig debattiert, kontrovers diskutiert, Versammlungen wurden abgehalten, Delegationen und Abgeordnete sprachen in München vor, um die Sache voranzutreiben. Die Gemüter beruhigten sich erst, als die Abgeordnetenkammer mit Beschluss vom 4. Mai 1906 festlegte, „dass die Lokalbahn Erlau–Wegscheid im Laufe der nächsten Jahre sicher gebaut wird“. Durch diesen Beschluss ermuntert, fasste man auf österreichischer Seite sogar den Anschluss der Mühlkreisbahn über Rohrbach und Kollerschlag nach Wegscheid ins Auge. Als dann Ende März 1906 sowohl der Lokalbahnausschuss als auch der zuständige Verkehrsminister, Herr von Frauendorfer, ihre Zusage zum Bau der Bahnlinie Erlau–Wegscheid erteilten und die Bayerische Abgeordnetenkammer einstimmig die dafür erforderlichen Mittel in Höhe von 2.249.300 Mark genehmigte, liefen die Planungen an und es wurde umgehend mit dem Bau begonnen. Alles schien in trockenen Tüchern zu sein. Die Eröffnung der Teilstrecke Erlau–Obernzell war für den Herbst 1908 geplant. Doch offensichtlich traten bei den nun anstehenden Grundabtretungsverhandlungen völlig unerwartet erhebliche Schwierigkeiten auf. Eine ganze Reihe Betroffener war nicht abgabebereit. Alles Verhandeln, gut Zureden und der Hinweis auf die großen wirtschaftlichen Vorteile jedes

Abb. 41: Am Innstadtbahnhof

Einzelnen und der gesamten Bevölkerung, die mit dem Bau der Bahnlinie verbunden wären, konnte die Abgabeverweigerer nicht umstimmen. Sie blieben bei ihrer ablehnenden Haltung. Nach langem, vergeblichem Verhandeln sah sich das Staatsministerium schließlich zu einer harten Maßnahme gezwungen. Mit einer Entschließung vom 3. September 1907 wurde „die Einleitung eines Zwangsenteignungsverfahrens festgelegt gegen jene Grundstückseigentümer an der geplanten Bahnlinie Erlau–Wegscheid, die nicht abgabebereit sind“. In einem so genannten Schätzungsverfahren wurden daraufhin die Preise für die betroffenen Grundstücke festgesetzt. Es ist durchaus nachvollziehbar, dass es wegen dieses Verfahrens zwischen den Gegnern und den Befürwortern der Eisenbahnlinie zu beträchtlichen Spannungen und gelegentlich auch zu tätlichen Auseinandersetzungen kam.

Der Bau der Bahntrasse zwischen Erlau und Obernzell war besonders schwierig, denn der für die Gleisanlage zur Verfügung stehende Raum zwischen den steil abfallenden Felshängen und der Donau war an vielen Stellen sehr schmal. Nur umfangreiche Sprengungen und Dammschüttungen ermöglichten die Überwindung dieser kilometerlangen Engstelle. Befremdlich mutet uns heutzutage außerdem an, dass es gerade in diesem Bereich offensichtlich zu einem weiteren Problem kam. Immer wieder wurden Arbeiter, vor allem in den Sommermonaten, von Kreuzottern gebissen, die es an den Hängen scheinbar damals noch in großer Zahl gab. Nicht immer verliefen diese Attacken glimpflich. Die Betroffenen fielen meist für eine unterschiedlich lange Zeit aus. Und das wiederum war in Anbetracht des fortwährenden Mangels an Arbeitskräften wenig erfreulich. So entschloss sich die zuständige Behörde, auch auf Drängen der Bahnarbeiter dazu, Prämien auszusetzen für das Töten dieser „elendigen Giftschlangen“. Gegen die Ablieferung eines Schwanzstückes einer Otter wurde dem Überbringer eine Prämie ausbezahlt. Vermutlich wurde dieses Verfahren deshalb bald wieder eingestellt, weil so mancher Bauarbeiter auch weit neben der eigentlichen Baustelle an den felsigen Steilhängen lieber der lukrativen Schlangenjagd nachging als der anstrengenden Plackerei beim Erstellen der Trasse.

Abb. 42: Bau des Eisenbahnviadukts in Obernzell (4. Oktober 1911)

Abb. 43: Das Eisenbahnviadukt in Obernzell

Die Strecke zwischen Obernzell und Wegscheid stellte die am Bau beteiligten Ingenieure vor große Herausforderungen. Zunächst musste der tiefe Geländeeinschnitt bei Obernzell mit einem hohen Viadukt überspannt werden.

Ein weiteres Problem zeigte sich in der gewaltigen Steigung zwischen Obernzell und Untergriesbach. Dieser Teilabschnitt mit seinem großen Gefälle war nur mithilfe einer Zahnradbahn-Technik zu bewältigen. Dazu musste mittig zwischen den Schienen eine Zahnstange montiert werden, auf die der Lokführer mit

Abb. 44: Speziallokomotive auf dem Viadukt in Obernzell mit Zahnstange zwischen den Gleisen

einem Hebel ein durch Dampfkraft angetriebenes Zahnrad setzen konnte. War die Steigung überwunden, wurde das Zahnrad wieder angehoben.

Dazu brauchte es eine besondere Lokomotive. Bisher waren in Deutschland fünfzig verschiedene Lokomotivtypen im Einsatz. Wegen der gestiegenen Nachfrage brachte die Münchner Lokomotiven Fabrik Krauß die erste bayerische Zahnradlokomotive auf den Markt, die über die entsprechende Technik verfügte, um die Steigung zwischen Obernzell und Untergriesbach zu meistern. Diese Lok hatte die Bezeichnung Ptzl ¾. Dabei steht „Pt" für Personentransport, das „z" bedeutet Zahnrad, „l" steht für Lokalbahn und die Zahl „3/4" zeigt an, dass die Lokomotive über vier Achsen verfügt, von denen drei gekoppelt waren. Mit dieser neuartigen Technik ließ sich die Steigung zwischen Obernzell und Untergriesbach bewältigen. Nachdem jetzt auch Wegscheid mit der Eisenbahn erreicht werden konnte, war ein weiteres großes Gebiet des Unteren Bayerischen Waldes durch dieses moderne Verkehrsmittel erschlossen.

Wünsche und Pläne für weitere Lokalbahnlinien im Bayerischen Wald

Die zuständigen Behörden mussten sich vor allem ab dem letzten Viertel des 19. Jahrhunderts mit zahlreichen Anträgen zum Bau von Bahnlinien auseinandersetzen. Dabei galt es, Machbarkeit und Rentabilität abzuwägen. Mancher durchaus verständliche Wunsch und durchdachte Plan musste mangels finanzieller Mittel negativ beschieden werden. Mit Ausnahme der Zeit um den Ersten Weltkrieg wurden herauf bis etwa zum Jahr 1929 immer wieder Wünsche zur Errichtung von Lokalbahnstrecken laut. Ab dieser Zeit gewann der Straßenbau, vor allem durch die Erfindung eines brauchbaren Asphaltbelags, zunehmend an Bedeutung.

Einige dieser angedachten Eisenbahntrassen sollen hier erwähnt werden, ohne den Anspruch auf Vollständigkeit erheben zu wollen:

1) Der Vorschlag zum Bau einer Bahnverbindung von Freyung über Kreuzberg und Heldengut zur Landesgrenze und von hier weiter nach Eleonorenhain in Böhmen tauchte erstmalig im Jahr 1895 auf, wurde jedoch wegen zu geringen Interesses fallen gelassen.

2) Anfang Januar 1899 wurde berichtet, dass der Bayerische Wald mit dem Bau einer Linie von Kötzting nach Viechtach, am Regen entlang, eine direkte Schienenverbindung von Schwandorf über Cham, Kötzting, Viechtach, Gotteszell und Zwiesel nach Grafenau erhalten soll. Das Ziel war eine durchgehende Trasse nach Passau. „Dazu müsste jetzt nur noch die Lücke zwischen Grafenau und Freyung geschlossen werden. Auch diese Verbindung wird noch kommen“, hieß es damals in einer amtlichen Verlautbarung.

3) Dieser Lückenschluss war zwischen Freyung und Spiegelau geplant. Anlässlich einer der zahlreichen Eisenbahnversammlungen, die von privaten Interessenten und betroffenen Gemeinden einberufen worden war, wurde am 10. November 1907 in Mauth eine Resolution verfasst und an die Bayerische Staatsregierung geschickt, mit dem Ersuchen, eine Bahnlinie

von Freyung nach Spiegelau zu projektieren. Die Trasse sollte, von Freyung ausgehend, über Kreuzberg, Heldengut, Mauth, Weidhütte, Neuschönau und Riedlhütte zum Anschluss in Spiegelau führen. Man ging fest davon aus, dass die Regierung dem Vorschlag zustimmen würde, zumal etwa zwei Drittel der Strecke durch Staatswald verlaufen wären, was die Grunderwerbskosten beträchtlich gesenkt und die Grundabtretungsverfahren wesentlich vereinfacht hätte. Die Antwort ließ auf sich warten. Erst nachdem eine Delegation bei der Staatsregierung vorstellig wurde, teilte die Generaldirektion der königlich bayerischen Staatsbahnen mit, dass „derzeit die Mittel in die am Laufen befindlichen Strecken fließen“ würden und damit „eine Planung und Finanzierung dieses zweifellos wünschenswerten Lückenschlusses auf eine spätere Zeit verschoben werden muss“. Wie bekannt, kam es aus verschiedenen, vor allem politischen Gründen nicht mehr dazu. Der Erste Weltkrieg setzte dem Bestreben einige Jahre später ein jähes Ende.

4) In den Jahren, als das ganze Land geradezu eine Art Eisenbahneuphorie erfasst hatte, wurde auch ein Eisenbahnkomitee Grafenau–Fürsteneck ins Leben gerufen, das bald schon erste Planungen zum Bau dieser Strecke aufnahm. Bei einer Zusammenkunft von Interessenten für diese Trasse im Gasthof Post in Perlesreut Mitte Januar 1905 formulierte man vorsorglich einen Antrag auf die neuerliche Vermessung ab Ettlmühle über Köpplhof nach Grafenau. Kurz darauf wurden dann die Planungen aufgenommen. Es ging überraschend zügig voran, da sich bei den Grundabtretungsverhandlungen, welche das Lokalbahnkomitee im Juli 1907 in Furth durchführte, die Grundstücksbesitzer „nur minimale Forderungen“ stellten beziehungsweise versprachen, die benötigten Flächen kostenlos abzutreten.

5) Natürlich war auch die Steinindustrie im Raum Tittling daran interessiert, möglichst rasch an das bestehende Eisenbahnnetz angeschlossen zu werden. Zwei mögliche Trassenführungen wurden von unterschiedlichen Interessensgruppen favorisiert. In einem langwierigen Prozess mussten die zuständigen Fachstellen zu einer Entscheidung finden, ob die geplante Linie

von Vilshofen oder von Passau aus nach Tittling gebaut werden sollte. Häufig kam es bei den nun folgenden Versammlungen in Vilshofen, Passau, Eging und Tittling zu heftigen Auseinandersetzungen. Die Meinungen prallten oftmals vehement aufeinander. Man war nicht gerade zimperlich im Versuch, die Argumente der Gegenpartei zu entkräften. Kurz vor Weihnachten 1905 erfolgte schließlich an die Kammer eine Eingabe zum Bau der Lokalbahn von Vilshofen nach Tittling.

6) In dieser Zeit des Abwägens, wie man den Raum Tittling am zweckmäßigsten in das bayerische Lokalbahnnetz integrieren könnte, tauchte Ende Mai 1906 eine neue Überlegung auf, die ebenfalls eine bahntechnische Erschließung dieser Gegend ermöglicht hätte. Die angedachte Trasse sollte von Deggendorf aus über die Orte Hengersberg, Iggensbach, Eging, Tittling und Aicha v. Wald durch den Unteren Bayerischen Wald nach Passau führen. Dieser Idee schlossen sich viele Gemeinden und interessierte Privatpersonen an, unter ihnen auch der Bürgermeister der Stadt Passau, Herr Muggentaler. Anlässlich einer sehr gut besuchten Eisenbahnversammlung in den letzten Maitagen des Jahres 1906 stimmten alle Anwesenden für das Projekt und den geplanten Streckenverlauf. Um den Bau dieser Linie, in Konkurrenz zu den vielen anderen Lokalbahnprojekten in Bayern möglichst bald in Angriff nehmen zu können, hatten sämtliche betroffenen Gemeinden, quasi im Vorgriff, bereits alle geforderten Leistungen bewilligt.

7) Andere Lokalbahnstrecken in der weiteren Umgebung gingen zwischenzeitlich ihrer Fertigstellung entgegen. So wurden beispielsweise die Linie Vilshofen–Ortenburg am 15. Dezember 1907 und die Linie Simbach–Kößlarn im Sommer 1909 eröffnet.

8) Im Oktober 1907 wurde schließlich das neue Bahnprojekt Deggendorf–Tittling–Kalteneck in den Gesetzentwurf des Landtags aufgenommen.

Das vorläufige Ende des Eisenbahnbooms

Bereits in den Jahren unmittelbar vor und während des Ersten Weltkriegs kam der Bau neuer Eisenbahnlinien mehr und mehr zum Erliegen, weil die dafür nötigen finanziellen Mittel für die Kriegsführung eingesetzt werden mussten. Außerdem mangelte es an Arbeitskräften. Die wehrtüchtigen Männer hatten ihre Einberufungsbefehle erhalten, wurden eingezogen und kämpften irgendwo an einer Front. Allzu viele von ihnen kamen nicht mehr zurück.

Der Eintritt Deutschlands in den Ersten Weltkrieg wirkte sich auch stark auf den Eisenbahnbetrieb aus und brachte beträchtliche Einschränkungen im Individual- und Güterverkehr mit sich. Oberste Priorität hatte ab sofort der Transport von Kriegsmaterial und Truppen. Gleichzeitig mit der Mobilmachung im August 1914 erlosch für Zivilpersonen der Anspruch auf eine Beförderung mit der Eisenbahn. Auch der Transport von Vieh und Privatgut wurde vollständig eingestellt. Die bis dahin gültigen Fahrpläne

Abb. 45: Ein Truppentransport an die Front verlässt 1914 den Passauer Hauptbahnhof

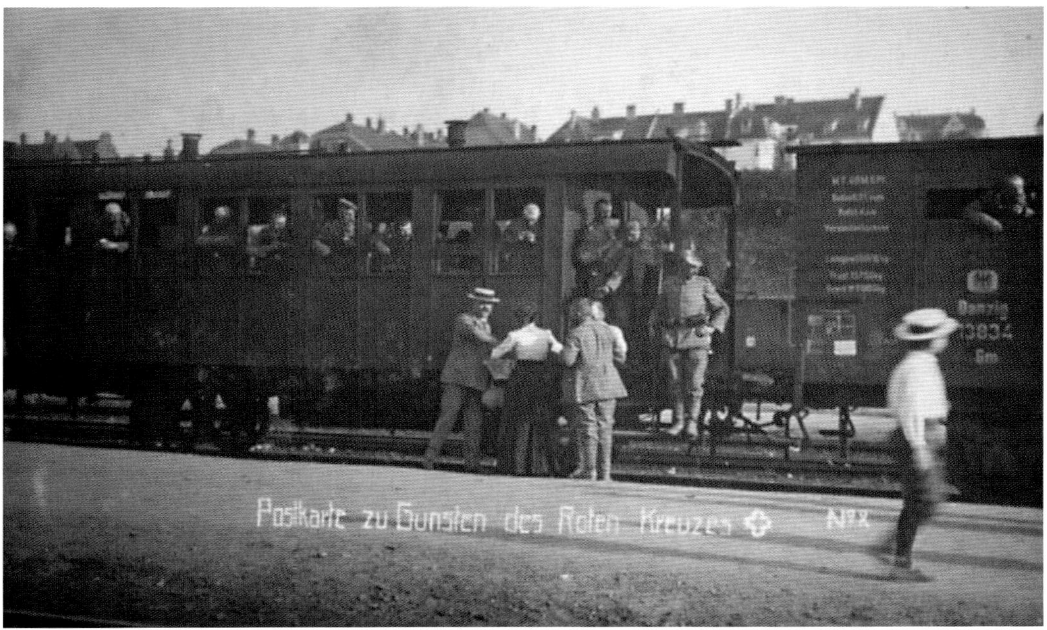

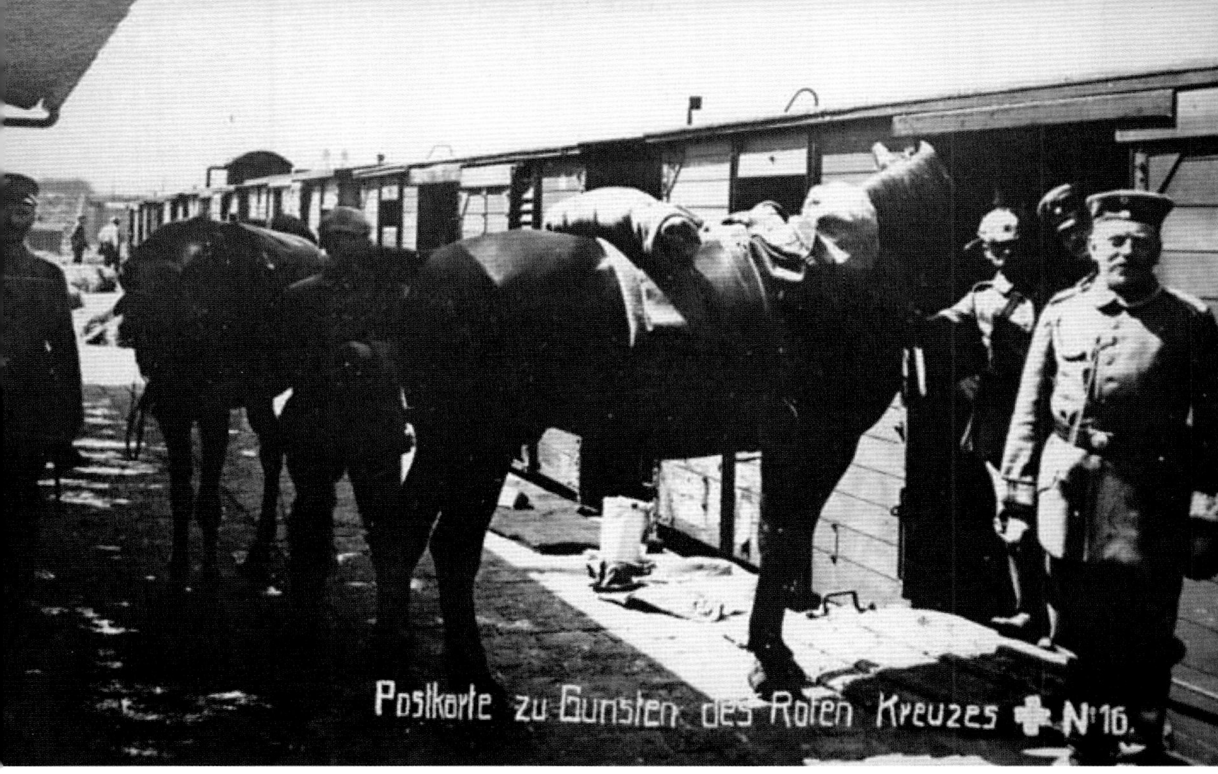

Abb. 46: Pferde für den Einsatz im 1. Weltkrieg werden verladen

setzte die Staatsregierung zum gleichen Zeitpunkt außer Kraft. Es galten nur noch die Militärfahrpläne. Privatpersonen und Reisegepäck durften selbst auf den Lokalbahnstrecken lediglich bis auf Widerruf mit den Militärzügen befördert werden. Einberufene hatten gegen Vorzeigen ihrer Militärpapiere freie Fahrt.

Mit dem Ersten Weltkrieg waren schlagartig nahezu sämtliche Eisenbahnbaustellen zum Stillstand gekommen. Das Bestreben der vielen Gemeinden und privaten Interessenten, eine Bahnlinie in ihre unmittelbare Nähe zu bekommen, war vollständig erloschen. Als dann der Krieg endlich vorbei war, musste die Staatsregierung die geringen finanziellen Mittel, die zur Verfügung standen, vordringlich dafür einsetzen, die Voraussetzungen für das Überleben und die Versorgung der geschundenen Bevölkerung mit dem Nötigsten zu gewährleisten. Kaum jemand dachte in diesen schweren Zeiten nach 1918 an den Bau von neuen Bahnlinien. Die Prioritäten hatten sich zwangsläufig grundlegend verschoben.

So nimmt es durchaus Wunder, dass trotz aller politischen Veränderungen und wirtschaftlichen Probleme ein Eisenbahnkomitee der österreichischen Mühlkreisbahn schon wieder im Juni 1919 aktiv wird und anlässlich einer Versammlung im grenznahen Ulrichsberg eine Resolution verfasst, wonach die österreichische Landesregierung den Bahnbau von Aigen, über Ulrichsberg, Klaffer und Schwarzenberg bis zur Landesgrenze in ihre Planungen aufnehmen sollte. Ziel war es, den Anschluss auf bayerischer Seite nach Klafferstraß und Neureichenau zu erlangen. Mangels Interesse diesseits und jenseits der Grenze kam dieses Vorhaben nicht zur Ausführung.

Es dauerte dann bis zum Jahr 1929, als die zwei konkurrierenden Projekte mit dem Ziel einer Verbindung zwischen Freyung und Grafenau erneut auf den Tisch kamen. Mitte März desselben Jahres trafen sich in Mauth die Interessenten für den Verlauf der Trasse über diesen Ort. Als Hauptargumente für diesen Streckenverlauf wurden die zu erwartenden umfangreichen Holztransporte und der Fremdenverkehr angeführt.

Bei dieser Versammlung in Mauth wurde allerdings beanstandet, dass sich zwar bereits 1927 ein Arbeitsausschuss für die Trasse Freyung–Mauth–Grafenau gegründet habe, „dieser jedoch bisher noch nicht getagt hat". Wieder einmal wurde eine Resolution verfasst und an die Generaldirektion der Staatseisenbahnen weitergeleitet.

Daraufhin trafen sich am 8. April 1929 in Perlesreut die Befürworter des dazu konkurrierenden Plans, wonach die Verbindung von Freyung über Fürsteneck, Perlesreut und Schönberg nach Grafenau führen sollte. Diese Trasse wurde bereits 1898 projektiert, hatte nach Ansicht ihrer Befürworter das älteste Anrecht auf Umsetzung und lag den entscheidenden Stellen längst als Antrag vor.

Jetzt wurden erneut engagierte Debatten geführt, wurden Versammlungen abgehalten und Resolutionen verfasst. Dabei kam es nicht selten zu hitzigen, nicht immer sachlich vorgetragenen Auseinandersetzungen. Argumente und Gegenargumente hielten sich die Waage. Berechnungen wurden angestellt und zeigten, dass die Trasse von Fürsteneck über Perlesreut nach Grafenau 24,3 Kilometer lang wäre und Kosten von 9 Millionen Mark verursachen würde, während die Strecke über Mauth nur 23 Kilometer betragen und die Bausumme lediglich 8 Millionen Mark betragen hätte. In einem abschließenden Schreiben der Bayerischen Staatsregierung hieß es dann, man solle sich vor Ort auf eine der beiden vorgeschlagenen Linien einigen, da „beide niemals gebaut werden könnten“. Daraufhin wurde ein Ausschuss eingesetzt, der herausfinden sollte, welche der beiden Trassen „volkswirtschaftlich am nutzvollsten sei“.

Die Eisenbahn als Geburtshelfer für den Tourismus

Erst gegen Ende des 20. Jahrhunderts, als sich mehr und mehr in unserem Sprachgebrauch die zweifelhafte Sucht breit machte, möglichst viele Begriffe durch leidige Anglizismen, zumindest aber durch Fremdwörter zu ersetzen, wurde das Wort Tourismus kreiert. Bis dahin sprach man von Fremdenverkehr. Durchaus verständlich, denn schließlich fühlte sich jedermann, der sich aus seiner gewohnten Umgebung weg in eine ihm bisher unbekannte Gegend begab, zunächst fremd. Als einen Fremden empfanden freilich auch die Einheimischen jeden Reisenden, der dem Zug auf einer der neu in Betrieb genommenen Lokalbahnlinien entstieg. Neugier gepaart mit Abenteuerlust ließ eine zunehmend große Zahl von „Wagemutigen“ aus der näheren und weiteren Umgebung, vor allem aber aus den Städten zwischen Passau, Regensburg und München die Züge besteigen, um den bis dahin weitestgehend unbekannten, fernen Bayerischen Wald mit seinen landschaftlichen Reizen zu erkunden.

Begleitet und verstärkt wurde diese aufkeimende Reiselust und Entdeckerfreude zeitgleich von einer politisch-patriotisch angehauchten Turn- und Wanderbewegung. Diese hatte in der ersten Hälfte des 19. Jahrhunderts der als „Turnvater Jahn“ bekannte Pädagoge Friedrich Ludwig Jahn (gest. 1852) ausgelöst. Mit seinen idealisierenden Gedanken zur Natur, seiner Wertschätzung von Bewegung und körperlicher Ertüchtigung legte er den Grundstein für eine breite Turnbewegung. Der Gesundheit wegen empfahl er seinen Zeitgenossen unter anderem auch ausgedehnte Wanderungen. Damit löste er vor allem bei der jüngeren Generation eine geradezu romantische Volksbewegung aus. Die Menschen aus den industriell geprägten, explosionsartig wachsenden Städten zog es jetzt aufs Land. Man träumte von den Bergen, den Seen und Flüssen, von frischer Luft. Und die Eisenbahn war es, die diese Träume erfüllen half. Deshalb sieht man heute wohl zu Recht im Eisenbahnverkehr den Beginn des Massentourismus.

So manche Bahnstation im Bayerischen Wald wurde durch ihre weitum geschätzte Gastronomie zu einem gern besuchten Ausflugsziel. In der Folge wurden unter den Gipfeln der Bayerwaldberge, auf dem Dreisessel, dem Lusen, Falkenstein und Arber Schutzhütten und Gasthäuser gebaut, die auch Übernachtungsmöglichkeiten anboten. Allenthalben errichtete man, wie auf dem Lichtenauer und Ameisberg, Aussichtstürme, um den Besuchern einen ungehinderten Blick über die reizvolle Landschaft zu ermöglichen. In vielen größeren Orten wurden „Verschönerungsvereine" aus der Taufe gehoben, die sich dafür einsetzten, durch verschiedene Maßnahmen und Aktivitäten die Attraktivität ihrer Gemeinden zu steigern.

Besonders beliebt waren Wanderungen zwischen den Bahnhaltestellen entlang der Flüsse oder über die Bergrücken. So wanderten zum Beispiel zahlreiche unternehmungslustige Passauer nach einer Zugfahrt mit dem Zielort Hauzenberg über den Oberfrauenwald zum Bahnhof in Waldkirchen, wo man dann nach einer ausgiebigen Einkehr auf den Zug zur Rückfahrt nach Passau wartete. Solche Touren erfreuten sich vor allem an den Wochenenden der Sommermonate eines großen Zuspruchs. Davon profitierte nicht nur die Gastronomie. Mithilfe der Eisenbahn konnten nun erstmals auch die vielen kultur- und kunsthistorischen Schätze des Unteren Waldes von einer breiten Bevölkerungsschicht entdeckt und besucht werden. Schloss Obernzell, das Wegscheider Land, die Burg Fürsteneck, die Engelburg und viele andere historische Kostbarkeiten mehr lagen nicht weit ab von den Bahntrassen und waren jetzt gut erreichbar. Ausgelöst durch den Bau der Lokalbahnen erfuhr nun auch der Untere Bayerische Wald die gebührende Wertschätzung und einen bis dahin nicht bekannten touristischen Aufschwung.

Ein bemerkenswertes Beispiel dafür, wie positiv sich eine Lokalbahnlinie sowohl im Sommer als auch in den Wintermonaten auf den Tourismus auswirkte, lässt sich an der Linie von Passau ins Dreisesselgebiet aufzeigen. Besonders die Wintersportzüge, die als zusätzliche Sonderfahrten von Dezember bis März, von Passau ausgehend, über Waldkirchen, Neureichenau und Frauenberg nach Haidmühle verkehrten, waren stark frequentiert und beförderten eine ständig steigende Anzahl von Skifahrern ins Dreisesselgebiet. In der Anfangszeit wurde zwar von den Passagieren immer wieder darüber geklagt, dass die „zu langsam fahrenden und unbequemen Züge die Reisenden quälen" würden. Insgesamt jedoch erfuhr der Tourismus in allen Gebieten, die durch eine Lokalbahn erschlossen waren, einen merklichen Aufschwung. Der Fremdenverkehr und mit ihm die Eisenbahn mauserten sich zu einem zunehmend bedeutsamen Wirtschaftsfaktor im Königreich Bayern.

Der Bahnbau brachte den Aufschwung

Die Erschließung des Bayerischen Waldes mit den verschiedenen Lokalbahnen brachte einen enormen wirtschaftlichen Aufschwung für unseren Landstrich. Bereits ein Jahr nach Inbetriebnahme der Strecke Passau–Waldkirchen–Freyung wurden auf dieser Strecke etwa 52.000 Tonnen Güter und über 100.000 Personen pro Jahr befördert. Das hatte zur Folge, dass sich an der Bahnlinie und im Umfeld der Bahnhöfe und Stationen zahlreiche Betriebe ansiedelten.

Wirtshäuser, Lagerhallen, Verladeanlagen für Fertigprodukte aus den Granitsteinbrüchen und den Sägewerken wurden errichtet. Viele Bauanträge für Wohnhäuser gingen bei der Eisenbahnbehörde ein. Dienstwohnungen für das Eisenbahn- und Zollpersonal wurden benötigt.

Am meisten profitierten die Steinbrüche mit einem eigenen Gleisanschluss oder mit kurzen Transportwegen zu den Verladestellen vom Bahnbau. Sie konnten jetzt ihre in ganz Deutschland

Abb. 48: Bahnhof Fürsteneck

Abb. 47: Wohngebäude und Wirtshäuser entstanden an den Bahnstationen, hier Fürsteneck

Abb. 49: Kleiner Steinbruch

begehrten Produkte, vor allem Pflaster- und Leistensteine, zu weitaus günstigeren Konditionen liefern.

Durch diese sprunghaft gestiegene Nachfrage entstanden wiederum viele Arbeitsplätze, die einer großen Zahl von Familien ein vernünftiges Auskommen sicherten. Ähnliches trifft auch für die Holzindustrie zu. Die Sägewerke im Einzugsbereich der Bahn boomten. Sie verarbeiteten in stetig wachsender Menge Stammholz zu Balken, Bohlen und Brettern und lieferten ihre stark nachgefragten Produkte ins ganze Reich. Grubenholz in unterschiedlichen Dimensionen transportierte die Eisenbahn bis zu den Bergwerken im Westen Deutschlands. Auch die beträchtlichen Mengen an Torf aus den Hochmooren bei Haidmühle wurden jetzt mit der Bahn transportiert.

Die erfreuliche wirtschaftliche Entwicklung, welche die neu eröffneten Lokalbahnen zur Folge hatte, brachte Arbeit, Geld und damit einen gewissen Wohlstand in unsere bis dahin als eher

Abb. 50: Jugendstilhaus in Haidmühle

ärmlich geltende Gegend. Das wird unter anderem sichtbar an einer Vielzahl aufwändig gestalteter, imposanter, villenartiger Wohngebäude und Wirtshäuser, die im unmittelbaren Umfeld der Bahnstationen entstanden. Haidmühle zum Beispiel erfuhr durch seine Funktion als Umschlags- und Zollbahnhof einen ungeahnten Aufschwung. Das manifestierte sich unter anderem in einer regen Bautätigkeit.

Noch heute kann man an mehreren aufwändig gestalteten Bauwerken mit ihren interessanten Jugendstilfassaden einen gediegenen Wohlstand erkennen. Zum Glück sind mehrere dieser Gebäude bis heute unverfälscht erhalten geblieben und fielen zumindest bislang nicht einer fehlgeleiteten „Umbauwut" zum Opfer.

Freilich gab es auch zahlreiche Gegner der Eisenbahn, die sich aus den unterschiedlichsten Gründen mit dem Bau der Trassen nicht anfreunden konnten. Viele Menschen fühlten sich durch die Rasanz der sich verändernden Welt überfordert oder mussten

Abb. 51: Gasthaus Strohmeier in Haidmühle (Jugendstil)

durch die tiefgreifenden Veränderungen wirtschaftliche Nachteile erleiden. Besonders die Landwirte waren in großer Zahl gar nicht begeistert vom Bau der Bahntrassen. Und das nicht nur, wenn ihr Grund und Boden für den Bahnbau benötigt wurde.

Auch für die größeren Orte im Unteren Bayerischen Wald, vor allem die Märkte, gab es gegen Ende des 19. Jahrhunderts einschneidende Veränderungen, die nicht zuletzt durch den Bahnbau ausgelöst wurden. So bekam der Viehhandel neue Strukturen. Das über Jahrhunderte tradierte Gebot, Vieh ausschließlich in den Märkten zu verkaufen, wurde aufgehoben, was für diese Orte große finanzielle Einbußen zur Folge hatte. Fortan erwarben die Viehhändler und Metzger die Tiere unmittelbar bei den Bauern. Viehhandelszentren und Schlachthöfe entstanden. Dabei spielte die Eisenbahn eine bedeutsame Rolle. Mit der Bahn konnte das Schlachtvieh relativ einfach, schnell und vor allem ohne Gewichtsverlust an das jeweilige Ziel transportiert werden.

Nicht nur dadurch war die Landwirtschaft in diesen Jahren in arge Turbulenzen geraten. Viele Bauern sahen in der Eisenbahn den Hauptschuldigen, denn sobald in ihrer Gegend der Bahnbau einsetzte, kam es schlagartig zu einem bis dahin nicht gekannten Mangel an Dienstboten. Geklagt wurde auch darüber, dass dadurch auch „eine Steigerung der Löhne einhergehe und die Ansprüche zum Beispiel auf bessere Kost steigen“ würden.

Die Eisenbahn – ein begehrter Arbeitgeber

Von Anfang an waren die Arbeitsplätze bei der Bahn sehr begehrt. Sie waren sicher, gut bezahlt und brachten allerhand Vorteile. Vor allem die soziale Absicherung durch die Kranken-, Invaliden- und Sterbekassen sowie Vergünstigungen, wie Freifahrten, eine preiswerte Versorgung mit Kohlen und günstige Dienstwohnungen machten ein Arbeiten bei der Eisenbahn erstrebenswert. Insbesondere an Verkehrsknotenpunkten investierte die Bahn in den Wohnungsbau. So entstanden zahlreiche Eisenbahnsiedlungen für das Personal. Selbst die Bahnhöfe an den Lokalbahnstrecken waren so ausgelegt, dass neben den erforderlichen Diensträumen auch eine oder mehrere Wohnungen für den Bahnhofsvorsteher und gegebenenfalls weitere Beamte zur Verfügung standen.

Nach ihren Berufswünschen gefragt, meinten viele Buben damals, sie möchten unbedingt Lokführer werden. Selbst die Spielzeughersteller, vor allem im Raum Nürnberg, wurden ab der Mitte des 19. Jahrhunderts von dieser Eisenbahneuphorie erfasst. Die Geburtsstunde der Modelleisenbahnen hatte, nicht nur zur Freude der männlichen Jugend, geschlagen.

Bei Neueinstellungen und der Ausbildung von Lehrlingen wurden bei der Bahn Familienangehörige von Eisenbahnern bewusst bevorzugt. So entstanden oftmals richtige „Eisenbahnerdynastien“. Das förderte wiederum die Loyalität zum Arbeitgeber. Loyales Personal war für einen gut funktionierenden Ablauf des rasch steigenden Schienenverkehrs ganz wesentlich und war zugleich die Basis dafür, dass die Eisenbahn ihrer sozialen und wirtschaftlichen Schlüsselrolle gerecht werden konnte, die ihr seit der Mitte des 19. Jahrhunderts zugewachsen war.

Die verbeamteten Eisenbahner waren hochgeachtet. Sie galten als pflichtbewusste Staatsdiener und trugen ihre Uniform mit den entsprechenden Rangabzeichen voller Stolz. Nur selten fristeten sie über längere Zeit ein Junggesellendasein. In der Damenwelt galten sie als eine gute Partie. Sie waren die idealen Schwiegersöhne.

Ganz unterschiedliche Berufsgruppen aus den verschiedensten Ausbildungsrichtungen deckten den steigenden Personalbedarf bei der Eisenbahn. Überwiegend bildete die Bahn ihre Leute selbst aus. Die Lokführer und Heizer, die Maschinisten in den Lokschuppen und an den Drehscheiben, die Zugführer, Schaffner und Bahnhofsvorsteher an den kleineren Bahnhöfen, die Rangierer und Signaltechniker, die Fahrdienstleiter in den Stellwerken, die Bahnwärter an den Schranken und Weichen, sie alle waren Spezialisten auf ihrem Gebiet und hatten eine speziell auf die Bedürfnisse der Bahn zugeschnittene Ausbildung durchlaufen, ehe sie einen der verantwortungsvollen Posten übernehmen durften.

Besonderes Ansehen in der Bevölkerung, vor allem bei der Technik begeisterten Jugend, genossen die Lokführer, die in ihrem Führerstand eine beeindruckend große Menge von Steuergeräten, Reglern, Ventilen, Handrädern und Hebeln zu bedienen hatten, um die Kraft eines solchen Dampfrosses zu bändigen und sinnvoll einzusetzen. In den Anfangszeiten standen sowohl der Lokführer als auch der ihm zugeordnete Heizer völlig ungeschützt auf einer Plattform hinter dem Kessel und der Feuerungsanlage. Aber nachdem durch ständige technische Verbesserungen die Geschwindigkeit der Lokomotiven rasch zunahm, wurde es unerlässlich, zumindest einen Windschutz und ein Geländer als Absturzsicherung anzubringen sowie ein kurzes Dach zum Schutz des Personals vor Regen und Schnee.

Es dauerte erstaunlich lange, bis schließlich in der zweiten Hälfte des 19. Jahrhunderts auch bei den kleinen Lokalbahnen das geschlossene Führerhaus eingeführt wurde. Dieses befand sich hinter der so genannten Feuerbüchse und war der Arbeitsbereich der beiden Personen, die für den Betrieb des schweren stählernen Ungetüms zuständig waren, der Lokführer und der Heizer. Dabei hatte der Lokführer einen festen Sitzplatz auf der rechten Seite, wo sich die wichtigsten Steuergeräte befanden. Von dort konnte er durch ein Fenster nach vorne blicken, die Strecke einsehen, die Signale rechtzeitig erkennen und so von hier aus den Lauf der Lok und damit des gesamten Zuges entsprechend steuern. Der Heizer war zuständig für die Feuerung und eine ausreichende Dampferzeugung. Er hatte darüber hinaus für den Brennstoff und Wassernachschub zu sorgen. Die Druckerzeugung regelte er durch das Einbringen der entsprechenden Menge an Brennstoff. Dafür wurde vor allem Steinkohle verwendet. Aber auch Holz und Torf wurden in den Anfangs- und in Notzeiten zur Befeuerung des Kessels eingesetzt. Sowohl der Wasservorrat als auch das nötige Brennmaterial mussten auf den Lokomotiven in Behältern mitgeführt werden. Der Beruf des Heizers war ein anstrengender Knochenjob. Nur kräftige, gesunde Männer konnten diese schwere Arbeit verrichten. Je nach Lokomotivtyp und Anhängelast musste ein Heizer beispielsweise auf der Strecke von Passau nach Wegscheid oder Haidmühle zwischen 700 Kilogramm und 1,4 Tonnen Kohle mit der Schaufel dem Vorratsbehälter entnehmen und durch das Feuerloch in die Brennkammer werfen. Diese Arbeit kostete nicht nur viel Kraft, der Heizer war darüber hinaus auch noch der Hitze ausgesetzt, die aus der Feuerung strahlte, und musste den Kohlestaub einatmen. Im so beheizten Kessel wurde aus Wasser der nötige Dampf zum Betrieb der Maschinen erzeugt. Auf diese Weise wurde die technische Energie in kinetische Energie umgewandelt, bei der der Dampf nach seiner Arbeitsleistung über einen Kamin ins Freie geblasen wurde. Je nach Belastung musste der Wasserstand im Kessel in Abständen ergänzt werden. Der zum Nachspeisen erforderliche Wasservorrat wurde in den Tanks rechts und links des Kessels mittransportiert, welche mithilfe der so genannten Wasserkräne an den größeren Bahnstationen befüllt werden konnten. All diese Arbeiten gehörten zum Berufsbild eines Heizers beziehungsweise des Lokführers.

Die Ausbildung für diese bahnspezifischen Berufe übernahm die Eisenbahn selbst. Ebenso die Schulung des weiteren so genannten

„fahrenden Personals“, der Zugführer und Schaffner. Deren Tätigkeitsfeld und betrieblichen Befugnisse waren klar geregelt. So beinhaltete die Ausbildung zum Zugführer ein umfangreiches Wissen über den Bahnbetrieb allgemein, speziell aber auch noch Kenntnisse über das Zusammenkuppeln der Wagons, die Wartung und Überprüfung der Bremsen, die technische Wagenkunde und darüber hinaus gehörte es auch noch zu den Pflichten eines Zugführers, den Verkauf von Fahrscheinen und deren Kontrolle durchzuführen sowie die „fürsorgliche und höfliche Betreuung der Fahrgäste“ zu gewährleisten. Der Zugführer war der Chef des Zuges. Er war gegenüber sämtlichen Mitarbeitern im Zug weisungsbefugt, hatte die alleinige Zugaufsicht und war für die betriebliche Sicherheit verantwortlich. Außerdem stellte er die Abfahrbereitschaft des Zuges fest und gab durch akustische (pfeifen) und optische (grüne Kelle) Signale dem Lokführer den Auftrag zur Abfahrt. Ein sehr verantwortungsvoller Dienst, für den nur geeignetes und umfassend geschultes Personal infrage kam. Eignungs- und Abschlussprüfungen mit entsprechend hohem Anforderungsgrad stellten verhältnismäßig hohe Hürden dar.

Für den Bahnhofs- und kommerziellen Dienst, wie für das Berufsfeld eines Fahrdienstleiters, wurden nur „Bewerber mit höherer Intelligenz“, also mit einer entsprechenden, abgeschlossenen Schulbildung, zugelassen. Die Ausbildung zum Fahrdienstleiter dauerte mehrere Jahre. Nach bestandener Abschlussprüfung wurde er als Beamter übernommen und verrichtete seinen Dienst an einem der kleinen oder mittleren Bahnhöfe. Sein Verantwortungsbereich erstreckte sich auf die Beaufsichtigung sämtlicher Dienstverrichtungen, wie die Regelung der Zugfolge, den Rangier- und Verschubdienst und die Stationsaufsicht. Er trug die Verantwortung für die Sicherheit der Reisenden, regelte eigenverantwortlich den Zugverkehr und verkaufte die Fahrkarten. Kurzum, er war Mädchen für alles. Die Betreuung von Küken, Gänsen oder anderem lebenden Expressgut gehörte ebenso zu seinen Aufgaben, wie das Umstellen der Weichen, das Schließen der Schranken und die Sorge für das „reibungslose Funktionieren der öffentlichen Toilettenanlagen“ auf seinem Landbahnhof. Meist stand ihm und seiner Familie im Bahnhofsgebäude eine kostengünstige Dienstwohnung zur Verfügung. Im öffentlichen Leben genoss der Fahrdienstleiter als Bahnhofsvorsteher ein hohes Ansehen. Er gehörte zu den Honoratioren am Ort.

Weit weniger prestigeträchtig war der Beruf des Bahn- und Schrankenwärters. Da hierfür die Aufnahmebedingungen vergleichsweise leicht zu erfüllen waren, die Ausbildung relativ kurz und die Bezahlung ziemlich schlecht war, so befanden sich nach landläufiger Meinung oftmals auch „verkrachte Existenzen" darunter. Mag sein, dass sich der damals geprägte Spruch „wer nichts ist und wer nichts kann, der geht zu Post und Eisenbahn" auf solche und ähnliche Dienstgrade bezogen hat. Objektiv betrachtet, trifft diese herabsetzende Bemerkung jedoch keineswegs zu, setzte doch der Beruf des Bahnwärters ein hohes Maß an Zuverlässigkeit und Verantwortungsbereitschaft voraus.

In der Anfangszeit der Eisenbahn hatte man noch keinerlei Erfahrung mit dem Schienenverkehr. Hielten die Bauwerke der Ingenieure, die Brücken und Dämme, die Schienen und Schwellen den Belastungen überhaupt stand? In vielen Bereichen waren völlig neue, bislang unerprobte Konstruktionen und Bauweisen zum Einsatz gekommen. Außerdem galt es in der ersten Hälfte des 19. Jahrhunderts neben all den baulichen und technischen Herausforderungen auch die betrieblichen Probleme in den Griff zu bekommen. Vor allem die Bewachung der Bahn und die notwendige Kommunikation zwischen den Haltestellen und Bahnhöfen. Deshalb postierte man entlang der Strecken in angemessenen Abständen so genannte Bahnwärter. Sie gaben anfangs mit akustischen (Hörner), bald aber schon mit optischen Zeichen (Flaggen bzw. nachts mit Laternen) die notwendigen, genau festgelegten Kommunikationssignale von Station zu Station weiter und waren damit ein ganz wesentlicher Faktor für einen sicheren, reibungslosen Schienenverkehr. Zum Aufgabenfeld eines Bahnwärters gehörte es damals auch, in genau festgelegten zeitlichen Abständen den ihm zugewiesenen Streckenabschnitt zu begehen und auf eventuelle Schäden zu untersuchen. Darüber hinaus musste er diesen Abschnitt auch bewachen. Da die Eisenbahn in den Anfangsjahren sowohl für die Reisenden als auch für die Anlieger ein völlig unbekanntes neuartiges Phänomen darstellte, dachte man, die Trassen vor einer unbefugten Benutzung oder gar Sabotageakten schützen zu müssen. Tatsächlich wird immer wieder davon berichtet, dass Fußgänger die Schienenwege gerne als schnelle, feste, nahezu höhengleiche Verbindungspfade den schmutzigen Feldwegen und kurvenreichen, staubigen Landstraßen vorzogen. So wird von der Strecke zwischen Jandelsbrunn und Haidmühle berichtet, dass so mancher Lokführer eine Notbremsung einleiten musste, weil sogar Schafherden und Ziegen auf der Bahntrasse getrieben wurden. In Obernzell nutzte offenbar zumindest anfangs so mancher „Spätheimkehrer" das Eisenbahnviadukt als bequeme Abkürzung. Erst als es wiederholt zu gefährlichen Begegnungen mit Zügen kam, wurden an den besonders betroffenen Stellen Warnschilder aufgestellt und hohe Strafen für das unberechtigte Begehen des Gleiskörpers angedroht. Außerdem waren die Bahnwärter angewiesen worden, in aller Strenge gegen dieses gefährliche Treiben einzuschreiten. So sieht die Eisenbahnbetriebsordnung von 1905 beispielsweise für die Neben- und Lokalbahnen noch einen täglichen Kontrollgang vor. Außerdem galt es, die Stellen besonders zu bewachen, an denen Wege über die Bahntrasse führten, um Gefahrensituationen und Unfälle zwischen Zügen einerseits und Fußgängern, Viehherden, Reitern und Fuhrwerken andererseits zu verhindern.

Diese Aufgaben bestimmten letztlich den Standort für den Bahnwärterposten. Bevorzugt befanden sich solche Posten an Brücken, Tunnels oder stark frequentierten Übergängen. Aus Letzteren wurden später Schrankenwärterposten. In den meisten Fällen waren die Bahnwärter in einfachen Unterständen untergebracht. Lag so ein Posten jedoch weit ab von der nächsten Siedlung, so wurde für ihn und seine Familie ein kleines Haus gebaut. Außerdem war es ihm gestattet, den umgebenden Grund und Boden, der sich im Besitz der Eisenbahn befand, landwirtschaftlich zu nutzen. Hier konnten Gemüse und vor allem Kartoffeln angebaut, aber auch Kleintiere und Geflügel aller Art gehalten werden. Besonders beliebt waren bei den Bahnwärtern die Ziegen, die man deshalb auch spöttisch als „Eisenbahnerkuh" bezeichnete. Angebunden an einer langen Leine, die an einem fest im Boden verankerten Pflock befestigt wurde, konnten diese

„geländegängigen“, genügsamen Tiere die steilen Bahndämme und Böschungen abgrasen. Sie gaben nahrhafte Milch und waren beliebte Fleischlieferanten. Da die Bezahlung der Bahnwärter recht schlecht war, bildete die landwirtschaftliche Nutzung des im Schnitt 1500 Quadratmeter großen Grundstückes eine wesentliche Grundlage für das Auskommen der Familie.

Meist war außerdem vertraglich festgelegt, dass im „Krankheits- oder Verhinderungsfall“ die Frau des Bahnwärters dessen Aufgaben übernehmen musste: Schranken betätigen, Signale geben und gegebenenfalls auch die Weichen stellen.

Aber auch jede Menge Arbeitskräfte aus einer der traditionellen handwerklichen Ausbildungsrichtungen wurden benötigt, um den vielgestaltigen Bahnbetrieb reibungslos am Laufen zu halten. An den jeweiligen Verkehrsknotenpunkten wurden so genannte Bahnmeistereien eingerichtet. Ihre Aufgabe war es in erster Linie, die Gleisanlagen und Brücken in Ordnung zu halten, damit die Züge gefahrlos rollen konnten. Darüber hinaus oblag es den Bahnmeistereien, die gesamten Liegenschaften in ihrem Zuständigkeitsbereich zu betreuen, die vielen Gebäude in Schuss zu halten. Dazu brauchte es Mauerer, Zimmerer und Schreiner, Schmiede und Schweißer, Spengler und Schlosser, Maler, Straßenkehrer und sogar Ofensetzer für die Kachelöfen in den Büros, Wartesälen und Dienstwohnungen. Außerdem musste jede Bahnmeisterei über eine entsprechend große Zahl von meist ungelernten Hilfskräften verfügen, welche die schweren Arbeiten an den Gleiskörpern ausführten und im Winter die Weichen bei Wind und Wetter, Tag und Nacht vom Schnee befreien mussten, um einen gefahrlosen Zugverkehr zu ermöglichen. Diese fest angestellten Arbeiter waren durchaus Spezialisten auf ihrem Gebiet und waren in so genannten Rotten zusammengefasst.

Die Bahnmeistereien waren je nach Umfang des zu betreuenden Schienennetzes und der sonstigen Anlagen unterschiedlich groß und deshalb mit mehr oder weniger Personal ausgestattet. Im Bayerischen Wald gab es diese Dienststellen beispielsweise in Passau, Deggendorf, Regen, Cham, Kötzting, Erlau und Waldkirchen. Den großen Bahnmeistereien stand als Leiter ein Eisenbahningenieur vor, der an einer Polytechnischen Hochschule im

Hoch-, Tief- und Eisenbahnbau seine Ausbildung erhielt. Ihm zur Seite gestellt arbeiteten in den Büros eine Anzahl technischer Angestellter, ebenfalls im Beamtenverhältnis.

So gesehen war die Eisenbahn von Anfang an als ein weitestgehend autarkes, hoch spezialisiertes Unternehmen konzipiert.

Bis zum Ersten Weltkrieg blieb der Eisenbahndienst fast ausschließlich den Männern vorbehalten. Erst ab etwa 1900 durften Frauen von Bahnwärtern in exakt formulierten Ausnahmefällen ihre Männer im Dienst ablösen, mussten dann die Schranken rauf- und runterkurbeln oder die Weichen stellen. Darüber hinaus wurden in diesen Anfangsjahren so genannte „Dienstfrauen" eingestellt. Ihre Aufgabe bestand darin, als Zugbegleiterinnen für die Sauberkeit in den Schnellzügen zu sorgen. Nach 1908 konnten sich Frauen auch als Bürogehilfinnen bei der Bahn bewerben.

Zwischen 1844 und 1914 – Bayern hatte um 1900 etwa sechs Millionen Einwohner – wuchs die Anzahl der bei der Bahn Beschäftigten von einigen hundert auf etwa 75.000 an. Im Bereich des Unteren Bayerischen Waldes, also etwa zwischen Passau, Deggendorf, Tittling, Grafenau, Freyung, Haidmühle, Hauzenberg und Wegscheid kann man um 1914 von etwa 5000 Menschen ausgehen, die bei der Eisenbahn in Lohn standen. Eine stattliche Zahl in Anbetracht der vergleichsweise geringen Bevölkerungsdichte. Die Bahn hatte sich zu einem der größten Arbeitgeber entwickelt.

Die stetig gestiegene Bedeutung der Eisenbahn lässt sich auch am 1904 von der Bayerischen Staatsregierung gefassten Beschluss ablesen, wonach mit sofortiger Wirkung ein Ministerium für Verkehr etabliert wurde.

Abb. 52: Hauptbahnhof Passau 2017

Die Bahnhofsarchitektur

Nach dem Ende des Mittelalters mit seinen bekannten Stilen wie Romanik, Gotik und Renaissance und deren strengem Formenkanon waren die Dienste der Architekten vor allem beim Adel gefragt, wenn es galt, Schlösser, Paläste und andere Prunkbauten zu errichten. In der zweiten Hälfte des 19. Jahrhunderts aber mussten sich die Architekten ganz neuen Herausforderungen stellen. Sowohl die tiefgreifenden politischen als auch die wirtschaftlichen Veränderungen bedingten auch in der Architektur ein grundlegendes Umdenken. Plötzlich wollte eine stolze und wohlhabende Bürgerschaft in den Städten große Rathäuser, die deren Einfluss und Macht sichtbar machen sollten. Reiche Handelsherrn gaben aufwändig gestaltete Villen in Auftrag. Riesige Fabrikanlagen mussten geplant und konzipiert werden. Und eben auch große und kleine Bahnhöfe, die allerorts entstanden. Universitäten und Akademien bildeten verstärkt junge Ingenieure und Architekten aus, um dem sprunghaft angestiegenen Bedarf an diesen Kräften gerecht zu werden. In Ermangelung eines ausgeprägten, sozusagen verpflichtenden Stiles, wie man das aus vergangenen Zeiten kannte, besann man sich, quasi aus Verlegenheit, der längst überwunden geglaubten mittelalterlichen Stilepochen sowie fremdländischer Bauweisen. In der Kunstgeschichte hat man dieser Epoche des Suchens nach neuen architektonischen Gestaltungsmitteln den Namen „Historismus“ und „Eklektizismus“ gegeben. So entstanden neuromanische Kirchen, neugotische Rathäuser, wie zum Beispiel in München, Zigarettenfabriken mit Kuppeln in der Art türkischer Paläste oder die neubarocken bayerischen Königsschlösser.

Beim Bau der Bahnhofsgebäude orientierte man sich bevorzugt an der Formensprache der Renaissance. So zeigt beispielsweise der Hauptbahnhof in Passau mit seiner klaren Gliederung, dem erhöhten Mittelteil, den weit ausladend angesetzten, niedrigeren Flügeln und den Bogenfenstern viele Merkmale der Renaissance, wie man sie von Palastbauten in Florenz oder Venedig kennt.

Abb. 53: Bahnhof Waldkirchen

Abb. 54: Bahnhof Freyung

Aber auch die vergleichsweise kleinen Bahnhöfe an der Bahnstrecke Passau–Waldkirchen–Freyung–Haidmühle oder in Erlau und Hauzenberg lassen sowohl in ihrer Gesamtkonzeption als auch in vielen Details den gestalterischen Willen und die Anlehnung an diese Epoche klar erkennen. Die harmonischen Proportionen, die Größe und Form der Fenster und das Aufgreifen einer in der unmittelbaren Umgebung üblichen Dachform und -neigung lassen die Bahnstationen entlang dieser Strecke als bestens gelungenes Ergebnis überzeugender Architekturarbeit einschätzen.

In ihrer äußeren Erscheinung sowie den verwendeten Baumaterialien beim Gestalten der Fassade ähneln sie einander. Ihre Größe und Form wurde dem jeweiligen Bedarf an Dienst-, Wohn- und Lagerräumen angepasst. Um die Planungskosten möglichst niedrig zu halten wurden erstaunlich oft die Pläne von bereits bestehenden Stationsgebäuden an weiter entfernten Bahnlinien

Abb. 55: Toilettenhäuschen am Bahnhof Röhrnbach

erneut verwendet. Die Baukörper fügten sich harmonisch in ihre Umgebung ein. Auch die Details bei der Gliederung der Fassaden beeinflussten das äußere Erscheinungsbild durchaus positiv.

So prägt der Kontrast zwischen der bewusst rau gehaltenen, grauen Granitsteinmauer und den glatten, roten Ziegeln, welche die Fenster und Türen umfassen oder friesartig die Wände gliedern, die Bahnhofsgebäude. Aufwändig und mit viel Liebe zum Detail gestaltet können diese Bauwerke auch heute noch in ihrer künstlerischen Qualität überzeugen. Es gilt, sie möglichst unverändert zu erhalten. Dass sich die Bahnhöfe bis in unsere Zeit herein, also über hundert Jahre und noch länger, so gut erhalten haben, spricht außerdem für eine handwerklich solide Qualität der Arbeit.

So manche baulichen und gestalterischen Fehlleistungen sowie die zahllosen architektonischen Irrungen der 1970-er bis 1980-er

Abb. 57: Detail einer Bahnhofsfassade

Abb. 56: Fenster am Bahnhofsgebäude Fürsteneck

Jahre kommen da vergleichsweise ausgesprochen schlecht weg. Betonkatastrophen aus dieser Zeit, wie sie oftmals Schulgebäude oder Turnhallen in unseren Städten darstellen, müssen bereits nach 30, 40 Jahren abgerissen werden und Neubauten weichen, weil sich eine Sanierung offensichtlich nicht mehr rechnet. Vielleicht wurzelt diese Misere in einer überheblichen Fehleinschätzung der technischen Möglichkeiten und Grenzen moderner, weitestgehend unerprobter Baustoffe. Deutlich ablesbar ist jedenfalls ganz häufig der Verlust des Gefühls für harmonische Proportionen, eines ausgeprägten gestalterischen Willens sowie der verantwortungsvollen Rücksichtnahme auf eine über Jahrhunderte gewachsene Umgebung. Ein Gefühl, das offensichtlich die Generationen vor uns noch in großem Maße besaßen. Die Bahngebäude sind jedenfalls ein sichtbarer Beweis dafür.

Die politischen Veränderungen wirkten sich auch auf den Bahnbau aus

Die Bahnlinie von Passau nach Böhmen war so stark frequentiert, dass bereits 1913 die Fahrpläne umgestellt werden mussten. Jetzt fuhren täglich vier Zugpaare nach Haidmühle und nur noch eines nach Freyung. Wer ***Freyung*** als Ziel hatte, musste in Waldkirchen umsteigen. Das änderte sich jedoch, als 1918 die Tschechoslowakei entstanden war und sich das politische Klima gleichzeitig dramatisch verschlechtert hatte. In der Folge brach der Bahnverkehr über die Grenze in ***Haidmühle*** dramatisch ein. Jetzt fuhr nur mehr ein Zug täglich nach Haidmühle, alle anderen gingen wieder nach ***Freyung***. Jetzt musste man nach Haidmühle in Waldkirchen umsteigen. Als 1938 das Sudetenland dem Deutschen Reich angeschlossen wurde, änderte sich die „Umsteigerei“ erneut. Jetzt wurde die Strecke Passau-Prachatitz über Haidmühle sowohl von Personen- als auch von Güterzügen wieder sehr stark befahren. Wer also nach Freyung wollte, musste jetzt wieder in Waldkirchen umsteigen.

Abb. 58: Datierte Eisenschwellen

Abb. 59: Das Bahnhofsgebäude in Erlau

1937/38 wurde die Strecke Passau–Haidmühle, wohl schon aus strategischen Gründen, generalüberholt und ertüchtigt. Die Holzschwellen mit den zum größten Teil noch aufgenagelten Laschen, die die Schienen hielten, wurden durch Eisengussschwellen ersetzt. Die Laschen zur Führung der Schienen wurden aufgeschraubt. Allzu enge Kurvenradien wurden erweitert. Diese Umbaumaßnahmen ermöglichten eine weit höhere Belastbarkeit und eine höhere Fahrgeschwindigkeit.

Während des Zweiten Weltkriegs wurde die Bahnlinie Passau–Freyung mehrfach von Tieffliegern der Alliierten angegriffen. Diese beschossen die Gleisanlagen, Bahnhöfe und Züge mit ihren Bordwaffen und belegten sie mit Bomben. In den letzten Kriegstagen hat ein deutsches Sprengkommando die Bahnbrücke über die Donau in die Luft gejagt. Vorübergehend war jetzt nur mehr der Bahnverkehr zwischen Stelzlhof und Freyung möglich. Erst als 1948 die Eisenbahnbrücke wieder neu errichtet war, konnten die

Abb. 60: Der Bahnhof Obernzell in der für kleinere Haltestellen üblichen Holzbauweise

Abb. 61: Bahnhofsrestauration in Schaibing (imposanter Jugendstilbau)

Abb. 62: Eine der vielen kunstvoll aus Hausteinen gestalteten Bogenbrücken für die Eisenbahn, hier an der Haltestelle Schaibing

Abb. 63: Der Bahnhof in Hauzenberg

Züge wieder von Passau nach Freyung und Haidmühle verkehren. In Haidmühle war jedoch Schluss. Der Eiserne Vorhang legte sich bleischwer über den Grenzraum. Die Tschechen bauten auf einer Länge von etwa 70 Metern die Schienen ab. Aus vielerlei Gründen nahmen sowohl Güter- als auch Personenverkehr auf der „Waldstrecke" beständig ab. 1963 stellte die Bundesbahn zunächst den Reiseverkehr nach Haidmühle ein und 1975 schließlich auch den Güterverkehr. In den achtziger Jahren begann man dann Schritt für Schritt die Gleise zwischen Haidmühle und Waldkirchen abzubauen. Das Ende einer Ära, die so viel Positives für unseren Landstrich bewirkt hatte, ging zu Ende. Zum Glück hat sich der sehr rührige „Förderverein Ilztalbahn" mit bisher respektablem Erfolg für den Erhalt wenigstens der imposanten Strecke Passau–Waldkirchen–Freyung eingesetzt. Bleibt nur zu hoffen, dass die stetigen Bemühungen dieses engagierten Vereins von Erfolg gekrönt sind. Diese Lokalbahn durch das wunderschöne Ilztal verdient es, ebenso wie viele andere Nebenstrecken, sowohl aus ökologischen Erwägungen als auch aus ökonomischer Sicht, reaktiviert zu werden.

Abb. 64: Detail aus der Fassade des Bahnhofsgebäudes in Hauzenberg

Ähnliches trifft auch auf die Strecke Passau–Erlau–Hauzenberg zu. Auch hier bemüht sich eine Interessengruppe seit einigen Jahren um eine Wiederbelebung dieser Lokalbahn durch eine imposante und ausgesprochen reizvolle Landschaft mit teilweise spektakulären Ausblicken. Welche wirtschaftliche und touristische Bedeutung diese Bahnlinie ehemals für die gesamte Region hatte, lässt sich alleine schon an den architektonisch aufwändig gestalteten Bahnhofsgebäuden mit ihren bemerkenswerten Details ablesen.

Zum Schluss

Die Straße als Konkurrenz zur Eisenbahn

In der Zeit nach dem Ersten Weltkrieg, zunehmend jedoch in den zwanziger und dreißiger Jahren des 20. Jahrhunderts, begann sich die Einstellung zur Eisenbahn rasch und grundlegend zu ändern. Mit der rasant ansteigenden Produktion von Automobilen, die von leistungsstarken Benzinmotoren angetrieben wurden, stieg natürlich auch der Bedarf an vernünftig befahrbaren Straßen sprunghaft an. Automobile waren flexibler, waren an keine Fahrpläne gebunden, fuhren schneller und konnten individuelle Transportwünsche umfassender und weitaus rascher befriedigen als die Eisenbahn. Das war letztlich die Ursache dafür, dass der Bau neuer Lokalbahnlinien zum Stillstand kam. Der Siegeszug des Autos und in seiner Folge der Bau von leistungsfähigen Straßen hatte begonnen.

Abb. 65: Automobil um 1925

Mit der Zunahme des Straßenverkehrs, vor allem mit der Entwicklung von Lastkraftwagen mit ihrer hohen Achslast, stiegen auch die Anforderungen an die Beschaffenheit der Straßen. Dem Problem begegnete man zunächst dadurch, dass insbesondere die stark befahrenen und wichtigen Verbindungsstraßen gepflastert wurden. Das wiederum brachte der heimischen Granitindustrie im Unteren Bayerischen Wald so unerwartet viele Aufträge ein, dass man mit der Produktion von Kopfsteinpflaster in diesen Jahren kaum nachkam. Die Nachfrage war groß, in den Steinbrüchen gab es reichlich Arbeit.

Besonders unangenehm war, neben dem raschen Entstehen von tiefen Fahrrillen und Schlaglöchern auf den unzureichend befestigten Straßen, die immense Staubentwicklung. Anfang des 20. Jahrhunderts versuchte man deshalb, die Straßenoberfläche zunächst mit Öl und bald darauf mit Teer und dem gerade entdeckten Asphalt zu binden. Daraus entwickelten sich bald schon neue Verfahrensweisen für den Straßenbau. Die Erfindung und der Einsatz von leistungsstarken Spezialmaschinen ermöglichten es erst, dass der bis dahin sehr zeitaufwändige und personalintensive Straßenbau nun wesentlich wirtschaftlicher und schneller durchgeführt werden konnte als der Bau von Eisenbahntrassen. Der Siegeszug des Autos und in seinem Gefolge des Straßenbaus hatte begonnen und hält bis zum heutigen Tag ungebrochen an.

Nichtsdestotrotz ist die Eisenbahn, insbesondere beim Gütertransport, über weite Strecken dem Straßenverkehr überlegen und bietet weitreichende, allgemein bekannte Vorteile. Deshalb wäre eine sich vernünftig ergänzende Verbindung der beiden Systeme Schiene und Straße sowohl volkswirtschaftlich als auch ökologisch und ökonomisch wünschenswert und sinnvoll.

Anhang

Die Eisenbahn in der Volksmeinung

Weissagungen und Vorahnungen

In weiten Teilen Europas sind erstaunlich viele hellseherisch anmutende Vorhersagen bekannt, die in ihren Ausdeutungen dem Bau der Eisenbahn zugeschrieben werden. Solche Seher gab es auch im bayerischen Raum. Zwei davon lebten im Bayerischen Wald. Es sind dies die beiden Waldpropheten Stromberger und der unter dem Namen Mühlhiasl bekannte Mathias Lang, dessen Geburt in einem Taufregister des Jahres 1753 vermerkt ist. Als Sohn des Müllers auf der Mühle zu Apoig, einem kleinen Weiler, der zum Kloster Windberg gehörte, erblickte er das Licht der Welt. Nachdem er sich mit wenig Erfolg in einigen anderen Tätigkeiten versucht hatte, wurde er Hirte und hütete das Vieh des Klosters Windberg. In diese Zeit fallen seine zahlreichen Prophezeiungen. Darunter befindet sich auch eine, die von den Volkskundlern und Forschern heute als Vorahnung vom Bau der Eisenbahnstrecke entlang der Donau von Obernzell herauf nach Passau und im Bayerischen Wald allgemein gedeutet wird. Da heißt es:
„Die Donau herauf werden eiserne Hunde bellen. Im Vorwald wird eine eiserne Straße gebaut und wenn sie fertig ist, geht es los.“

An anderer Stelle ist in der Niederschrift über die Gesichte des Mühlhiasl zu lesen:
„An dem Tag, an dem zum ersten Mal der eiserne Wolf in den Vorwald bellen wird, an dem Tag wird der Große Krieg anheben.“

Tatsächlich befuhr am 1. August 1914, genau zu Beginn des Ersten Weltkriegs, erstmals ein Zug die Strecke zwischen Kalteneck und Deggendorf.

Man kann zu diesen Prophezeiungen stehen, wie man will, verblüffend ist es allemal, wie genau der Mühlhiasl nach dieser Niederschrift Geschehnisse und Dinge voraussagte, von denen er keine Ahnung haben konnte und die auch als Begriffe noch nicht existierten. Es gab zu seinen Lebzeiten weder die Dampfmaschine noch die Eisenbahn, auch kein Fahrrad oder gar die Elektrizität.

Im Gegensatz zu Mathias Lang ist der zweite Waldprophet, mit Namen Stromberger, geschichtlich weit weniger präzise fassbar. Von ihm weiß man nur, dass er irgendwann im Zeitraum zwischen 1745 und 1850 gelebt haben muss, also in einer unruhigen Zeit, als Napoleon ganz Europa mit Kriegen überzog. Auch er war Hirte und hütete das Vieh der Bauern in Rabenstein bei Zwiesel. Außerdem war er als Aschenbrenner für die örtliche Glashütte tätig. Die ältesten handschriftlichen Aufzeichnungen seiner Weissagungen gehen auf das Jahr 1828 zurück, die sich wiederum auf Texte aus der zweiten Hälfte des 18. Jahrhunderts stützen. Auch in seinen Vorahnungen tauchen Sequenzen auf, die man heute mit dem Bau der Eisenbahn in Verbindung bringt. An einer dieser Stellen ist zu lesen:
„Wägen werden gemacht, die ohne Ross und ohne Deichsel fahren.“

Auch er spricht von eisernen Straßen, die in den Wald gebaut werden. Sogar deren exakten Verlauf gibt er beispielsweise mit folgender Weissagung an:
„Grad an Klautzenbach vorbei wird der eiserne Hund bellen.“

Es ist erstaunlich, dass sich die Begriffe und Beschreibungen für die als Vorausahnung gesehenen Objekte und Geschehnisse bei den beiden Waldpropheten so sehr ähneln.

Geht es bei der Bahn mit rechten Dingen zu?

Der Aberglaube begleitet den Bahnbau in der Anfangszeit

Die Abgeschiedenheit und die mangelnden Möglichkeiten, sich über die tiefgreifenden technischen Neuerungen umfassend zu informieren, sind mit Sicherheit wesentliche Ursachen dafür, dass vielen Menschen im Bayerischen Wald, vor allem den Alten, die Eisenbahn zunächst Angst machte. Dass Wägen fahren konnten, ohne dass Tiere oder Menschen sie zogen, sprengte ihre Vorstellungskraft. Und weil alles Neue, Unbekannte und Unerklärliche verunsichert, Furcht einflößt und Misstrauen erweckt, so glaubten manche Menschen, dass bei dieser rätselhaften Erfindung der Teufel die Hand im Spiel haben musste. Die fundamentalen gesellschaftlichen und wirtschaftlichen Veränderungen, die durch die Eisenbahn ausgelöst wurden, schürten die Ängste und erweckten Furcht.

Zwar stand der weit überwiegende Teil der Bevölkerung einer Erschließung des Bayerischen Waldes durch die Eisenbahn ausgesprochen positiv gegenüber. Allen voran die jungen Leute, die Politiker, die Eigentümer von gewerblichen Betrieben, die Gastwirte und Waldbesitzer erkannten rasch die wirtschaftliche Bedeutung des Bahnbaus. Aber trotzdem stieß die Eisenbahn auch auf Ablehnung. Die sachlich rationalen Gründe für eine Befürwortung lagen zwar auf der Hand und der wirtschaftliche Erfolg und Zugewinn in den bereits erschlossenen Landesteilen war unbestreitbar, doch auf emotionaler Ebene spukten in manchen Köpfen beharrlich tiefe Zweifel an der Ungefährlichkeit dieser rasenden, pfauchenden und ratternden Ungetüme. So ließ ein in manchen Bevölkerungsschichten noch tief verwurzelter Aberglaube Trugbilder entstehen, ließ Geschehnisse falsch deuten und ließ zumindest in der Anfangszeit die Eisenbahn als Teufelszeug erkennen, was mitunter zu einer schwer erklärbaren Ablehnung führte. Vereinzelt wurde sogar beantragt, den Plan für den Verlauf einer Trasse abzuändern, weil dieser die Bahn durch ein Gebiet führen würde, von dem der Überlieferung nach bekannt war, dass es hier immer wieder zu seltsamen Unfällen kam. Angeblich würde es in diesen Bereichen „umgehen", „weirazn", spuken, würden Irrlichter die Menschen narren und Unerklärliches passieren, also eine Tabuzone durchqueren, die man besser mied.

Auch mancher Pfarrherr wies, erfüllt von der Sorge um seine Schäflein, in der einen oder anderen Predigt unmissverständlich auf die Gefahren hin, die mit einem „allzu freizügigen Zurücklegen großer Entfernungen" verbunden sein konnten. Besonders an Sonn- und Feiertagen geriet der obligatorische Kirchgang in eine unheilige Konkurrenz zu den Verlockungen einer von bösen Mächten angepriesenen Vergnügungsfahrt an ferne Orte, „wo Verderbtheit und sündige Verlockungen" auch einen ansonsten braven Bayerwäldler „auf verwerfliche Pfade führen“ konnten. Beispielhaft wird auf die mit der Bahn jetzt bequem erreichbare Dult in Passau als gefährliche Verführung zur Trunksucht ebenso hingewiesen wie reichlich verschlüsselt auch auf die Gefahren, die mit einem „Besuch von allerhand Lustbarkeiten und Tanzvergnügungen“ und dem Kontakt mit „gewissenlosen Weibspersonen“ verbunden waren, die durch die Bahn jetzt plötzlich im Einzugsbereich „leichtgläubiger Mannspersonen“ liegen würden. Bei manchen schlichten Gemütern verstärkten derlei Aussagen das bereits latent vorhandene Gefühl der Ablehnung. Der Aberglaube tat ein Übriges.

Rätselhafte Erscheinungen und gespenstische Geschehnisse

Allerhand Erzählungen über Vorahnungen und die eine oder andere Spukgeschichte im Zusammenhang mit dem doch recht mysteriösen Phänomen Eisenbahn machten immer wieder die Runde und wurden über lange Zeit weitererzählt. Einige dieser Begebenheiten, die entweder mit dem Bau oder dem Betrieb der Eisenbahn im Unteren Bayerischen Wald zu tun hatten, blieben rätselhaft, andere wiederum fanden eine logische, manchmal makabre, gelegentlich aber auch lustige Erklärung.

Glück gehabt

Bald nach der Eröffnung der Strecke hinter zur Grenze sollte an einem Sonntag ein Personenzug vom Bahnhof in Waldkirchen nach Haidmühle weiterfahren. Der Zug war ziemlich voll besetzt. In den Wagons saßen lauter Ausflügler aus Passau, die von Frauenberg aus auf den Dreisessel steigen wollten. Die Weiche war entsprechend umgelegt worden und die Schranke am Bahnübergang nebenan war geschlossen.

Der Stationsleiter gab das Signal zur Abfahrt und der Zug setzte sich in Bewegung. Aber anstatt in Richtung Erlauzwiesel, befuhr der Zug die Freyunger Strecke. Der Lokführer bemerkte nach ein

Abb. 66: Die verhexte Weiche

paar hundert Metern den Irrtum, brachte den Zug zum Stehen und setzte nach lauten Pfeifsignalen verärgert seine Lokomotive und die Wagons zurück in den Bahnhof. Hier herrschte wegen der offensichtlichen Fehlstellung der Weiche große Aufregung und die Schuldzuweisungen flogen hin und her. Schließlich legte ein Bahnbediensteter eiligst die Weiche erneut um und der Zug rollte mit dem Ziel Haidmühle abermals an. Aber wieder befuhr die Lokomotive mit den angehängten Wagons die falsche Strecke. Abermals brachte der Lokführer, nun schon ziemlich aufgebracht, sein Gefährt zum Stehen und machte seinem Ärger durch mehrmaliges stürmisches Betätigen der Dampfpfeife Luft. Doch ehe er den Zug wieder zurückschob, sah er gerade noch rechtzeitig, dass auf dem Gleis, das er eigentlich befahren hätte sollen, zwei herrenlose Güterwagen mit hoher Geschwindigkeit in den Bahnhof rasten und schließlich am Ende eines Abstellgleises

Abb. 67: Die Schranke am Bahnhof Waldkirchen

Abb. 68: Die herrenlosen Güterwägen (nachgestelltes Modell)

mit solcher Wucht auf einen Prellbock stießen, dass sie diesen aus seiner Verankerung rissen und selbst schwer beschädigt aus dem Gleis sprangen.

Wie sich später herausstellte, hatte ein kurze Zeit davor in Richtung Haidmühle fahrender Güterzug vermutlich aus Nachlässigkeit beim Zusammenhängen der Wagons oder einem technischen Fehler die beiden letzten Wagen verloren, worauf diese wegen des gleichmäßigen Gefälles mit wachsender Geschwindigkeit ungebremst auf den Bahnhof Waldkirchen zurollten. Wäre der bald darauf nachfolgende Personenzug nicht aus unerklärlichen Gründen zwei Mal auf die falsche Strecke geraten, hätte das zu einem sicherlich folgenschweren Zusammenstoß geführt. Warum die Weichenstellung nicht ordnungsgemäß funktionierte, blieb ein Rätsel. Fortan galt diese Weiche als verhext.

Das verhängnisvolle Kartenspiel

Auf der Strecke um Tittling herum waren immer viele Steinhauer mit der Bahn zu den Brüchen unterwegs. Wenn am Samstag Zahltag war, wurde bei der Heimfahrt in den Zügen häufig Karten gespielt. Oftmals ging es um viel Geld. So mancher leichtsinnige

Arbeiter hat da schnell seinen gesamten Wochenlohn verspielt. Einmal ließen sie auch einen fein gekleideten Herrn mitspielen. Der trug einen schwarzen Anzug und einen scharlachroten Seidenschal um den Hals. Niemand kannte ihn. Man hielt ihn für einen reichen Geschäftsmann, denn er hatte sehr viel Geld dabei. Das sah man, wenn er seinen Beutel zog, um den Einsatz zu begleichen. Das weckte die Gier der Steinhauer. Die Einsätze wurden immer höher angesetzt, weil der Unbekannte anfangs ständig verlor. Die Stimmung war ausgelassen und die Steinhauer lachten derb über den Fremden und verspotteten ihn. Den schien das gar nicht zu berühren und er sagte mit ernster Stimme: „Bis zum nächsten Halt habe ich euch das ganze Geld wieder abgenommen und einer von euch wird den heutigen Tag verfluchen." Daraufhin wurde das Gelächter der Steinhauer noch stärker und auf vielfaches Drängen hin erhöhte man den Einsatz um ein Vielfaches. Aber nun wendete sich das Blatt mit einem Mal. Der Fremde gewann Spiel um Spiel, und als der Zug an der nächsten Station anhielt und er den Zug verließ, hatte er nicht nur seinen Einsatz zurückgewonnen, sondern hatte den Steinhauern darüber hinaus ihren gesamten Lohn abgenommen. Als ihm einer der Kartenspieler nachlief und ihn aufgebracht des Betrugs bezichtigte, lachte der Unbekannte nur höhnisch. Darüber erregte sich der Verfolger so sehr, dass er zusammenbrach und die Besinnung verlor. Man brachte ihn noch in ein nahes Haus, um ihn zu retten, aber er wurde nie mehr richtig gesund. Den Fremden hat niemand mehr gesehen.

Der unheimliche Fahrgast

Diese Erzählung von einem rätselhaften Ereignis führt zurück in die Zeit der ersten Eisenbahnjahre im Bayerischen Wald, als aus Kostengründen auf den Nebenstrecken noch die alten Personenwägen eingesetzt wurden. Diese verfügten weder über eine Heizung noch waren sie mit einer elektrischen Beleuchtung ausgestattet. Als Ersatz hing an der Wand zwischen den Fenstern, etwa in der Mitte des Personenwagens, eine Petroleumlampe, die bei Einbruch der Dunkelheit vom Schaffner entzündet wurde und den Fahrgastraum zumindest schwach ausleuchtete. Das bedeutete, dass es in dem einzigen Tunnel, der auf der Strecke Passau–Haidmühle zwischen den Haltestellen Fürsteneck und Kalteneck zu durchfahren war, in den Wagons tagsüber für kurze Zeit vollkommen finster wurde. Nicht nur für die mitreisenden Kinder war das stets ein ganz besonderes Erlebnis. Gruselig.

Aus diesen Anfangsjahren wird von einer mehrmals sich wiederholenden, unerklärlichen Begebenheit berichtet. In unterschiedlich langen zeitlichen Abständen soll hier ein elegant dunkel gekleideter älterer Herr immer wieder unvermittelt aufgetaucht sein. Verschiedene Fahrgäste berichteten, dass er bereits im Zug saß, aber nach der Fahrt durch den erwähnten Tunnel plötzlich spurlos verschwunden war. Sein Platz blieb leer. Andere Reisende erzählten, dass ein Herr – die Beschreibung seiner Person und der Kleidung war immer ganz ähnlich – nach der Tunneldurchfahrt plötzlich auf einer zuvor unbesetzten Bank im Wagen saß und einige Stationen später den Zug verließ. Über einen längeren Zeitraum ging das so. Mal vergingen nur einige Tage zwischen dem eigenartigen Erscheinen beziehungsweise Verschwinden des Unbekannten, mal zeigte er sich erst wieder nach Wochen. Es blieb ein Rätsel. Niemand wagte es, ihn anzusprechen. Die Leute redeten über die mysteriösen Vorkommnisse. Die gewagtesten Vermutungen wurden angestellt. Man brachte ihn in Verbindung mit diversen Todesfällen, die nach seinem unvermittelten Auftauchen angeblich wenige Tage später irgendwo zu beklagen waren. Oder handelte es sich bei ihm womöglich um eine arme Seele, die keine Ruhe fand? War er gar der Leibhaftige selbst? Auch das Zugpersonal war verunsichert, weil trotz größter Aufmerksamkeit niemand von ihnen jemals den Unbekannten aus- oder einsteigen sah. Das rätselhafte Geschehen blieb ungelöst, bis nach einigen Jahren auch die Wägen der Lokalbahnen mit einer elektrischen Beleuchtung ausgestattet wurden und somit am helllichten Tag im Tunnel zwischen Fürsteneck und Kalteneck automatisch das Licht anging. Da fand dieser Spuk ein Ende. Der unheimliche Fahrgast tauchte nie wieder auf.

Ein unerklärliches Vorgesicht

Es war ein warmer Sommerabend, als einige Jahre vor dem Ersten Weltkrieg im Wirtsgarten des Gasthofes „Zur Eisenbahn“ in der Passauer Bahnhofstraße zwölf Männer um ihren Stammtisch saßen und wie immer über alles Mögliche diskutierten. Die Mitglieder dieser Gesellschaft waren lauter angesehene Persönlichkeiten, Geschäftsleute, Fabrikanten, hauptsächlich aber Bahn- und Postbeamte, sogar ein Direktionsrat war unter ihnen. An diesem Abend entschlossen sie sich, einen Dreizehnten in ihre Runde aufzunehmen. Nachdem es sich bei den Mitgliedern des Stammtisches um lauter aufgeklärte, weltoffene Stadtbürger handelte, glaubte keiner von ihnen, dass die Dreizehn eine Unglückszahl sei. Immerhin stellte es sich nachträglich als merkwürdiger Zufall heraus, dass sich das folgende unheimliche Vorgesicht ausgerechnet auf den Dreizehnten bezog, der an diesem Abend in die Runde aufgenommen worden war.

Ein junger Mann nahm hier allabendlich seine Mahlzeit ein. Er kam aus dem Rheinland, war der Sohn eines Fabrikbesitzers und leistete beim sechzehnten bayerischen Infanterieregiment, das in Passau seinen Standort hatte, seinen einjährigen Militärdienst ab. Da er fremd war in der Stadt und jeden Abend einsam an seinem Tisch saß, luden ihn die Stammtischbrüder zu sich an den Tisch ein. Dieser Einladung folgte er gerne. Von da an wurde die Tafelrunde von den übrigen Gästen spöttisch als Stammtisch zur „Unglückszahl“ bezeichnet. Niemand machte sich etwas daraus.

Wieder einmal saßen sie zu vorgerückter Stunde um den Tisch. Die Stimmung war heiter und froh. Besonders fröhlich und aufgekratzt war der junge Rekrut, denn er sollte am nächsten Tag einen längeren Heimaturlaub antreten. Gegen Mitternacht sprang der junge Mann plötzlich auf und bat die übrigen Stammtischbrüder um Ruhe. „Hören sie denn nichts?“ fragte er in die Runde. Das Stimmengewirr verstummte, und jetzt hörten sie es alle: Auf der hell erleuchteten Bahnhofstraße vernahm man das Rollen schwerer Wagenräder auf dem holprigen Pflaster, dumpfe Trommelwirbel und den langsamen Kolonnenschritt, wie man ihn von Trauerparaden kannte. Alle waren längst aufgesprungen und auf die menschenleere Straße gegangen. Zuerst dachte man, dass vielleicht ein Verstorbener des Regiments auf einer Nebenstraße zum Bahnhof geleitet würde. Aber weder gab es eine Nebenstraße, die zum Bahnhof führte, noch war nach Aussagen des jungen Rekruten seines Wissens ein Toter aus dem Regiment zu beklagen. Den Trauerzug hörten die Dreizehn mit solcher Klarheit, dass sie ihn unbedingt hätten sehen müssen. Aber die Straße blieb leer. Keine Wägen, keine Trommler, keine Marschierenden. Der unsichtbare Trauerzug, oder was es sonst war, bewegte sich auf den nahen Bahnhof zu, als die Geräusche schlagartig verstummten.

Nach Aussage der doch recht zahlreichen Zeugen dieser rätselhaften Erscheinung war eine Sinnestäuschung völlig ausgeschlossen. Eine Erklärung für das Geschehen gab es nicht und wurde auch gar nicht erst versucht. Auch später nicht. Bedrückt und verunsichert traten die Stammtischbrüder ihren Heimweg an. Aber am nächsten Abend, als man sich wieder traf, wurde das mysteriöse Erlebnis ausgiebig diskutiert, allerhand Vermutungen wurden angestellt. Doch bei allem strapazierten Scharfsinn fand man keine Erklärung für das ungewöhnliche Ereignis. Was hatte das alles zu bedeuten?

Wohl wegen der intensiven Gespräche war noch niemandem aufgefallen, dass heute der junge Rekrut fehlte. Bedeutung maß man dem aber nicht bei, denn vielleicht hatte er schon seinen Urlaub angetreten oder musste wieder einmal unangekündigt Wache schieben. Zutiefst betroffen war man jedoch, als der Wirt auf den Stammtisch zukam und die traurige Botschaft überbrachte, dass an diesem Tag eben dieser junge Mann in der Donau beim Baden ertrunken sei und dass sein Leichnam heute noch mit militärischen Ehren zum Bahnhof überführt werden sollte.

Und nun kommt das Merkwürdige: Zur gleichen Stunde wie am Abend zuvor zog eine jetzt deutlich sichtbare Trauerkolonne in langsamem Marsch unter dumpfem Trommelwirbel die hell erleuchtete Bahnhofstraße Richtung Bahnhof entlang. Dem Zug folgte ein schwerer Leichenwagen, dessen Räder über das Granitpflaster holperten. Jetzt war traurige Wirklichkeit, was einen Tag zuvor als rätselhafte Erscheinung wahrgenommen worden war.

Auch wenn es schwer zu glauben ist, an der Tatsächlichkeit dieses Vorgesichts lässt sich kaum zweifeln, da es dafür zwölf angesehene Bürger als Augenzeugen gab. Diese eigenartige Geschichte wurde in Passau immer wieder erzählt und von dem Schriftsteller Franz Schrönghamer-Heimdal recherchiert und aufgeschrieben.

Die falschen Gendarmen

An einem frühen Abend in der Zeit vor dem Ersten Weltkrieg blieb einmal in einem äußerst schneereichen Winter der Zug zwischen Altreichenau und Frauenberg in einem zugewehten Einschnitt stecken. Die Schneemassen waren so gewaltig, dass selbst für die schwere Lok kein Durchkommen mehr war. Und es schneite bei starkem Wind heftig weiter. Alle Bemühungen, den Zug wieder in Bewegung zu setzen, scheiterten. Es ging weder vorwärts noch zurück. In den Wagons saßen noch an die zwölf Fahrgäste. Damit die Lokomotive keinen Schaden nahm, und um eine gefährliche Überhitzung des Kessels zu vermeiden, hatte der Heizer aufgehört, die Feuerbüchse mit Kohlen zu beschicken. Sein Kollege, der Lokführer, hatte begonnen, die Maschinen abzuschalten. Damit wurde es in den Wagons schlagartig dunkel und langsam kroch auch die Kälte in die Wägen.

Das hing mit der erst vor kurzer Zeit entwickelten Dampfheizungseinrichtung zusammen, mit der neuerdings die Personenzüge ausgestattet wurden. Den dazu erforderlichen heißen Dampf erhielten die einzelnen Heizkörper von der Lokomotive über eine durch alle Wägen geführte Rohrleitung. Eine Einrichtung, die gerade in den kalten Wintermonaten viel dazu beitrug, den ansonsten eher spartanisch anmutenden Reisekomfort entscheidend zu verbessern. Ähnlich war es mit der elektrischen Stromversorgung. Dabei betrieb anfangs auch hier der Dampf aus dem Kessel einen kleinen Generator, der mit seiner Wechselspannung eine einigermaßen ausreichende Beleuchtung in den Personenzügen ermöglichte. Wenn also, aus welchen Gründen auch immer, der Kessel keinen Dampf lieferte, wurde es in den Wägen finster und kalt.

Das Zugpersonal erkannte, bald schon, dass man den Zug aus eigener Kraft nicht mehr zum Laufen bringen konnte und Hilfe von außen wegen der damals noch nicht vorhandenen Kommunikationsmittel keinesfalls in absehbarer Zeit zu erwarten war. So entschloss man sich, den Zug gemeinsam zu verlassen und Schutz zu suchen in einem der Häuser, die sich nach Ansicht einiger ortskundiger Mitreisender in nicht allzu großer Entfernung befinden mussten. Die Gruppe kämpfte sich also mühsam durch den stellenweise hüfthohen Schnee und durch den von einem heftigen Wind begleiteten Flockenwirbel. Man kam nur sehr langsam voran. Die Männer wechselten sich beim anstrengenden Spuren durch die Schneemassen ab. Erst nach etwa einer Stunde zeigte ein schwacher Lichtschein, der aus zwei Fenstern drang, an, dass man wohl bald in Sicherheit sein würde. Die Leute aus dem Zug waren völlig erschöpft, als sie das niedrige Gebäude erreichten und traten ungehindert ein. Eigenartig, die Türe war nicht verschlossen.

Die Bewohner des kleinen Einödhofes waren bestimmt noch nicht zu Bett gegangen, denn die Petroleumlampe über dem Tisch tauchte die Stube ruhig flackernd in ein spärliches Licht und das Feuer im Herd knisterte und verströmte eine wohlige Wärme im Raum. Doch von den Hausleuten war nichts zu sehen und zu hören. Das gesamte Wohnhaus, selbst den Stall, in dem eine magere Kuh stand und ein paar Ziegen meckerten, sowie den Heuboden suchte man nach ihnen ab. Erfolglos. Es war niemand da. Die Situation war so befremdlich und unheimlich, dass sich das dreiköpfige Zugpersonal dazu entschloss abwechselnd Nachtwache zu halten, während sich die Passagiere im Heu des Stadels vom anstrengenden Marsch erholen und vielleicht sogar etwas Schlaf finden sollten. Noch gruseliger wurde es, als sowohl der Lokführer als auch der Schaffner für einen kurzen Augenblick an einem der Fenster schemenhaft ein Gesicht wahrzunehmen glaubten. Während der ganzen Nacht machten die drei Eisenbahner kein Auge zu und saßen in ihren Uniformen um den Tisch. Die Situation war ausgesprochen gruselig. Im Bayerischen Wald wurden damals noch viele Spukgeschichten erzählt und manches unerklärliche Geschehnis schrieb man dem unberechenbaren Treiben finsterer Mächte und böser Geister zu. Der Heizer hielt das Feuer am Laufen und versorgte in Abständen die Petroleumlampe mit brennbarem Nachschub aus einer Kanne, die unter der Ofenbank stand.

Abb. 69: Zugfahrten im Winter waren problematisch

Die anbrechende Morgendämmerung empfanden alle wie eine Erlösung aus einem unheimlichen Traum. Es hatte aufgehört zu schneien und ein Blick aus dem Fenster zeigte, dass man das kleine Dorf, das man in einiger Entfernung wahrnehmen konnte, trotz der Schneemassen in angemessener Zeit erreichen würde. Also machte man sich auf den Weg, und als die seltsame Gruppe den Ort erreichte, hatte hier längst die Meldung vom eingeschneiten Zug und den verschwundenen Passagieren für Aufregung gesorgt. Ein Trupp Eisenbahner und Männer aus den umliegenden Häusern hatte allerhand Arbeit, um den Zug auszuschaufeln, während der Lokführer und sein Heizer ihre Maschine langsam wieder auf Betriebstemperatur brachten. Nach mehreren Stunden konnte die Fahrt endlich fortgesetzt werden. Mit einem ganzen Tag Verspätung fuhr schließlich der Zug in Haidmühle ein.

In Anbetracht der zunächst unerklärlichen Begleiterscheinungen und Ungereimtheiten sickerten erst einige Zeit später die wahren Gründe für die gespenstischen Ereignisse in jener Nacht durch. Wie sich herausstellte, ging der Häusler, wohl getrieben von Armut und großer Not, die damals in diesem Landstrich herrschte, gelegentlich der strengstens verbotenen Wilderei nach, um seine Familie durch den langen Winter zu bringen. So auch in jener Nacht. Wind und Schneefall löschten schnell alle Spuren, schluckten verräterische Geräusche und boten so die besten äußeren Bedingungen für einen Wilddieb, um unentdeckt zu bleiben. Offenbar war der Häusler, bei dem die Zuggruppe Unterschlupf gefunden hatte, längst ins Visier der Gendarmen geraten. Als seine Frau an jenem Abend zufällig aus dem Fenster sah, erblickte sie schemenhaft einen Zug dunkler Gestalten, der sich in Richtung ihres Hauses durch das Schneegestöber kämpfte. Zwei, drei Uniformierte hatten Laternen bei sich und führten die Gruppe an. In der Annahme, dass es sich bei den Leuten um Polizisten handeln musste, packte sie in aller Eile die drei Kinder zusammen, verließ mit ihnen durch die Hintertür im Stall das Haus und machte sich auf den Weg zu den Nachbarn. Als dann einige Zeit später der Häusler von seinem Beutezug heimkam, erschrak auch er, als er bei einem raschen Blick durch das Fenster drei Uniformierte an seinem Tisch sitzen sah. Auch er hielt diese für Gendarmen, die ihn sicherlich verhaften wollten, und suchte umgehend das Weite.

Das verschwundene Geflügel

Eine weitere rätselhafte und zunächst unerklärliche Erscheinung gab in den Jahren des Ersten Weltkriegs zu allerhand Spekulationen Anlass: Immer wieder verschwand Geflügel während des Transports aus den Güterwägen. Obwohl die Kisten, Käfige und Kartons gewissenhaft verschnürt und ordnungsgemäß verschlossen an den Zielorten ankamen, fehlten immer ein, zwei Stück Federvieh. Fehlerhaft gezählt oder Hexerei?

Für die Bauern, in deren Nähe eine neu gebaute Trasse vorbeiführte, brachte die Eisenbahn viele wirtschaftliche Vorteile. Endlich konnten beispielsweise die dringend benötigten Dünge- und Futtermittel in großen Mengen relativ problemlos bezogen werden. Andererseits fanden die Ernteergebnisse, das Getreide und die Feldfrüchte, gewinnbringenden Absatz auf weiter entfernten Märkten. Den Viehhändlern, die neuerdings in erstaunlich großer Zahl übers Land zogen, konnte das Vieh mit der Bahn schnell und sicher zugestellt werden. Dieses neuartigen Transportmittels bediente man sich auch, um das bestellte Federvieh an seinen Bestimmungsort zu schicken. Die Tiere wurden in die entsprechend ausgestatteten und fest verschlossenen Behältnisse gesteckt und nach der Entrichtung eines bestimmten Betrages an der Stationen dem dafür zuständigen Personal übergeben. Das wiederum sorgte für Verladung in den richtigen Stückgutwagon und den Transport an den angegebenen Zielbahnhof.

Allerdings kam es seit einiger Zeit auf gewissen Strecken immer wieder zu rätselhaften Unstimmigkeiten. Die Zahl der eingelieferten Gänse, Enten und Hühner stimmte erstaunlich oft nicht mit der Anzahl des angekommenen Federviehs überein. Nie fehlten größere Mengen. Ein, zwei Tiere vielleicht. Auffällig war außerdem, dass die verschraubten Kisten, die verschnürten Schachteln und versperrten Käfige niemals Spuren einer gewaltsamen Öffnung zeigten. Sie waren unversehrt. Der Schaden ging stets zulasten der Verkäufer. Da sich die Vorfälle häuften und die Zuverlässigkeit eines Transports mit der Bahn zunehmend von den Bauern angezweifelt wurde, entschloss man sich an höherer Stelle, einen Beamten inkognito mit den Zügen reisen zu lassen, welche eine Strecke befuhren, auf der in einer gewissen Regelmäßigkeit Geflügel verschwand. Besonders auffällig waren dabei die Strecken im Raum Grafenau–Zwiesel und Wegscheid–Passau. Bald schon entstanden Gerüchte, dass es auf diesen Strecken nicht mit rechten Dingen zuginge. Zauberei vielleicht? War Hexerei im Spiel?

Da das Federvieh an den jeweiligen Stationen vorschriftsgemäß angeliefert und ebenso am Zielbahnhof ankam, musste das mysteriöse Verschwinden der einzelnen Tiere unterwegs passie-

Abb 70: Ehemals gab es Podeste vor der Schiebetüre, die ins Wageninnere führte

ren. So richtete sich das Augenmerk des begleitenden Gänse- und Hühnerdetektivs auf die Geschehnisse während der Fahrt. Deswegen hielt sich der Beamte nicht immer im Fahrgastraum auf, sondern stand im Freien auf dem Podest, das bei den früheren Wagons zuerst noch bestiegen werden musste, ehe man durch eine Schiebetüre ins Innere des Wagens gelangte.

Von hier aus hatte er den angehängten Güterwagen im Blick. Trotz größter Aufmerksamkeit konnte der Beamte bei den ersten Fahrten keine Unregelmäßigkeiten beobachten. Trotzdem waren wieder Tiere verschwunden. Nach einiger Zeit kam ihm dann jedoch der Zufall zu Hilfe. Wegen einer Baustelle an einem Bahnübergang musste der Zug sehr langsam fahren, und als der Güterwagen soeben den umzäunten Garten neben einem Bahnwärterhäuschen passierte, in dem sich Enten und Hühner tummelten, flatterten nacheinander zwei Gänse aus der kleinen Luke des Güterwagons laut schnatternd mitten unter des Bahnwärters Federvieh. Eine perfekte Tarnung des Diebstahls. Das Rätsel war gelöst. Der begleitende Schaffner, der auch für die Annahme und Abgabe des Stückgutes zuständig war, hatte mit zwei Bahnwärtern zusammengearbeitet. Jedes Mal, wenn der Zug an deren umzäunten Federviehgehege vorbeifuhr, warf er aus der Luke ein, zwei Tiere mitten unter das Federvieh des jeweiligen Bahnwärters. Er selbst sperrte sich, ausgerüstet mit dem nötigen Werkzeug und Verpackungsmaterial, zwischen den jeweiligen Haltestellen in den Güterwagen. Das erregte kein Aufsehen. Ein einträgliches Geschäft in einer Zeit, als Lebensmittel einen hohen Wert hatten. Der Gewinn wurde geteilt.

Nachdem man ihnen endlich auf die Schliche gekommen war, konnten die Übeltäter überführt werden. Sie wurden aus ihrer sicheren Position bei der Bahn fristlos entlassen und erhielten eine empfindliche Strafe.

Zu guter Letzt

Man mag zu diesen überlieferten Erzählungen, zu den ernsten wie den heiteren, den wahren Begebenheiten und den eventuell erfundenen, den Spuk- und Geistergeschichten, stehen, wie man will, fest steht jedenfalls, dass sie, sicherlich nur als Randerscheinungen, auch zu den Anfangsjahren der Bahn gehören. Sie geben, neben den tatsächlichen Entwicklungen und wirklichen Gegebenheiten, verschlüsselt Auskunft über die jeweilige Zeit darüber, was die Menschen in Bezug auf den Bau der Bahn dachten und empfanden, lassen ihre von Emotionen geleiteten Ängste und Befürchtungen erahnen.

Leider verschwinden diese Geschichten aus vielfältigen Gründen unaufhaltsam aus unserem Gedächtnis. Eine Ursache dafür kann man darin sehen, dass die Bahn im Bayerischen Wald, ganz im Gegensatz zur Zeit ihrer Entstehung, im öffentlichen Leben eine nur noch marginale Nebenrolle spielt, an Bedeutung verloren hat, eigentlich kaum mehr wahrgenommen wird. Ein weiterer Grund für das rapide Verschwinden von Geschichten ganz allgemein liegt wohl darin, dass kaum jemand mehr Geschichten erzählt. Vor Beginn des Fernseh- und Handyzeitalters, also ungefähr zurzeit, als die Bahn unsere Gegend erreichte, saßen unsere Vorfahren, vor allem an den langen Winterabenden beisammen und erzählten diese und andere Geschichten. Immer wieder. Und die Jungen lauschten in Ermangelung anderer Vergnügungen den Erzählern, nahmen das Gehörte automatisch auf und erzählten es später weiter. Eine Tradition, deren Ende sich vor Jahrzehnten bereits ankündigte und in der Gegenwart durch ein überbordendes Fernsehangebot und die unbeschränkten Möglichkeiten einer total digitalisierten Welt zunehmend verschüttet wird und in unseren Tagen offensichtlich endgültig zum Erliegen kommt. Das alles lässt sich leider weder aufhalten noch rückgängig machen. Der bedauerliche Verlust des Erzählens kommt dem Aussterben von gefährdeten Tierarten gleich. Das Erzählen gehört längst auf die rote Liste der bedrohten zwischenmenschlichen Beziehungen gesetzt.

Dank

Letztlich konnte ich dieses Buch, das sich mit der Geschichte der Eisenbahn im Unteren Bayerischen Wald und dem damit einhergehenden vielfältigen wirtschaftlichen und sozialen Aufschwung beschäftigt, nur verfassen, weil ich von verschiedenen Seiten fach- und sachkundige Unterstützung erfuhr. Deshalb möchte ich mich bei den Interviewpartnern sowie den „alten Eisenbahnern" unter den Freunden und Bekannten für die vielen interessanten und wertvollen Hinweise bedanken. Bei Herrn Richard Schiffler, dem Archivar der Stadt Waldkirchen dafür, dass er mir zahlreiche alte Fotografien aus seinem bestens betreuten Fundus zur Verfügung gestellt hat. In ganz besonderer Weise gilt mein Dank Herrn Günther Eckerl, der im Archiv der Stadt Passau die umfangreiche Sammlung alter Fotografien mit großem Engagement betreut. Sein fundiertes Sachwissen und seine kompetente Beratung bei der Auswahl des Bildmaterials waren mir wieder eine große Hilfe.

Bildnachweis

Abkürzungen:

SAP = Stadtarchiv Passau
SAW = Stadtarchiv Waldkirchen
AR = Archiv Röhrnbach, Krottenthaler

1 Pferdefuhrwerk mit Getreide, SAP (Lockinger Anna)
2 Leiterwagengespann, SAW (F. H. Bauer)
3 Transportschlitten, SAP (Löw Ingetraud)
4 Herrschaftliche Kutschfahrt, SAP
5 Überlandpostkutsche (Postomnibus), SAP
6 Gasthof zur Post in Röhrnbach (R. Berndl 2018)
7 Die Postkutschen am Bahnhof Passau erledigten Zubringerdienste, SAP
8 Die Postkutsche vor dem Bahnhof in Waldkirchen transportierte die Bahnreisenden weiter an ihr Ziel, AR
9 Kutschenwagen der Pferdeeisenbahn Linz – Budweis, SAP
10 Bahnhof Passau mit Gleisanlagen, SAP
11 Der Passauer Hauptbahnhof um 1880, SAP
12 Denkmal an der so genannten Löwenwand (R. Berndl 2018)
13 Texttafel am Löwenwand-Denkmal (R. Berndl 2018)
14 Erweiterung des Eisenbahntunnels unter dem Kleinen Exerzierplatz (heute Neue Mitte) um 1950, SAP
15 Die Kaiserin-Elisabeth-Brücke über den Inn mit der Klause St. Magdalena (Ende 19. Jh.), SAP
16 Kaiserin-Elisabeth-Brücke (R. Berndl 2017)
17 Der Bahnhof Kalteneck (R. Berndl 2017)
18 Lagerplatz für das Ilz-Triftholz in Passsau, SAP
19 Sitzungsprotokoll der Marktgemeinde Röhrnbach über den Beschluss zur Gewährung eines Zuschusses zum Grunderwerb für den Bahnbau, AR
20 Eisenbahnbrücke über die Donau bei der Staustufe Kachlet (R. Berndl 2018)
21 Tunnel bei Fürsteneck (R. Berndl 2018)
22 Eisenbahnbaustelle Ende 19. Jh. SAW
23 Straßen- und Eisenbahnbaustellen waren bis hinein ins 20. Jh. reine Handarbeit, SAW (F. H. Bauer)
24 Steinbruch, SAW (F. H. Bauer)
25 Arbeiten an der Materialseilbahn bei Waldkirchen, SAW (F. H. Bauer)
26 Arbeiter beim Bau der Eisenbahntrasse nach Haidmühle, SAW
27 Arbeiter beim Bahnbau, SAW
28 Bahnhof Röhrnbach (R. Berndl 2017)
29 Der Bahnhof in Haidmühle (R. Berndl 2017)
30 Wegen des anstehenden Granits waren beim Bahnbau tiefe Geländeeinschnitte mit viel und schwerer Arbeit verbunden, SAW
31 Der Einschnitt bei Frauenberg (R. Berndl 2017)
32 Eisenbahnpioniere, SAW
33 Eisenbahnpioniere beim Verlegen der Gleise, SAW
34 Eisenbahnpioniere beim Bahnbau Waldkirchen–Haidmühle, SAW

Quellenangaben

Bartmuß Hans-Joachim
Turnvater Jahn, Briefe und Dokumente
Köln 2008
Bekh Wolfgang Johannes
W. Ludwig Verlag, Pfaffenhofen 1976
Broer Werner, Keyenburg Hermann, Schulze-Weslarn Annemarie
Moderne Architektur
Schroedel – Verlag, Hannover 1976
Charivari, Band 16, Nr. 5, 1990
100 Jahre Urlaub in Bayern
Escher Rolf, Broer Werner
Städtebau
Schroedel-Verlag, Hannover 1974
Fremdling Rainer
Eisenbahnen und deutsches Wirtschaftswachstum 1840–1879
Gesellschaft für Wirtschaftsgeschichte, Dortmund 1975
Gall Lothar, Pohl Manfred
Die Eisenbahn in Deutschland, München 1999
Interviews und mündlich Auskünfte
von verschiedenen Bürgern, vor allem ehemaligen Eisenbahnern, aus dem bearbeiteten Gebiet
Kaifenheim Eva Maria
Aspekte der Kunst
Verlag Martin Lurz GmbH, München 1980
Nerdinger Winfried
Perspektiven der Kunst
Verlag Martin Lurz GmbH, München 1990
Roth Ralf
Das Jahrhundert der Eisenbahn (1800–1914) Ostfildern 2005
Stadtarchiv Waldkirchen
Verschiedene Akten, Sitzungsprotokolle, Zeitungen und Zeitschriften aus dem Bestand 1840 bis 1925
Waldkirchner Anzeiger
Ab 1850 bis 1930
Ziegler Dieter
Eisenbahnen und Staat im Zeitalter der Industrialisierung
Schrift für Sozial- und Wirtschaftsgeschichte
F. Steiner, Stuttgart 1996

Auszug aus unserem Buchprogramm

Rupert Berndl
Bombenalarm und Care-Pakete
Kindheit von 1943 bis 1948 in Passau
ISBN 978-3-86646-755-2
Preis: 14,90 EUR

Rupert Berndl
Kartoffelsterz und Hollerkoch
Rezepte aus schweren Zeiten
ISBN 978-3-86646-701-9
Preis: 24,90 EUR

Rupert Berndl
Brennsuppn und Erdäpfel
Vergessene Rezepte aus dem Bayerischen Wald
ISBN 978-3-89682-201-7
Preis: 19,90 EUR

Rupert Berndl
Stimmt's?
ISBN 978-3-86646-700-2
früher: ~~14,90 EUR~~

Rupert Berndl
Genau a so is
ISBN 978-3-89682-187-4
früher: ~~12,90 EUR~~

»Ein Bildband, der bei den Menschen den Sinn für die Vergänglichkeit und die Schutzbedürftigkeit unserer Natur schärfen will – und zwar in einzigartigen Bildern.«
Frank Bietau, Der Bayerwald-Bote

Steffen Krieger
Die Schönheit des Augenblicks
Natur im Nationalpark Bayerischer Wald
ISBN 978-3-86646-786-6
Preis: 29,90 EUR

»Jeder, der hier wohnt, braucht dieses Buch«
Nadine Niebauer, Radio Charivari

Kai Ulrich Müller
Faszination Bayerischer Wald
ISBN 978-3-86646-750-7
Preis: 29,90 EUR

Heimat battenberg gietl verlag
Pfälzer Straße 11 | D-93128 Regenstauf
Tel. 0 94 02 / 93 37-0 | Fax: 0 94 02 / 93 37-24
info@battenberg-gietl.de | www.battenberg-gietl.de

Das komplette Programm mit Leseproben finden Sie in unserem Online-Shop unter:
www.battenberg-gietl.de

Gerhard Besenhard
Wanderführer Regental
2. Auflage 2017, 112 Seiten,
Format 13,5 x 20,5 cm,
durchgehend farbig, Broschur
mit Drahtkammbindung
ISBN 978-3-95587-044-7
Preis: 14,90 EUR

Die schönsten Touren zwischen Regenstauf und Nittenau

Die Gegend im Regental zwischen Regenstauf und Nittenau zu erwandern ist ein wahres Naturerlebnis.
Die besten Tipps und Anregungen für die schönsten Wanderungen finden Sie im übersichtlichen Regental-Wanderführer. Die unterschiedlichen Touren sind abwechslungsreich und bieten für jeden Anspruch das Passende.

Die schönsten Touren zwischen Kallmünz und Naabeck

Das südliche Naabtal zwischen Kallmünz und Naabeck ist ein Wanderparadies mit einer sehr beeindruckenden Landschaft. Vorbei an Burgen und Schlössern geht es an den Hängen des Oberpfälzer Jura entlang.

Mit Hilfe dieses Wanderführers steht der Erkundung der Gegend nichts mehr im Wege. Zu allen Rundtouren gibt es eine detaillierte Karte und zahlreiche Bilder.

Gerhard Besenhard
Wanderführer südliches Naabtal
1. Auflage 2019, ca. 120 Seiten, Format 13,5 x 20,5 cm,
durchgehend farbig, Broschur mit Drahtkammbindung
ISBN 978-3-95587-059-1
Preis: 16,90 EUR

Rund zwei Dutzend neue „Ausflüge in der Region"

Auch im zweiten Teil der Buchreihe verraten haupt- und nebenberufliche Mitarbeiter des Weidener Verlagshauses Oberpfalz Medien ihre schönsten Touren durch die Oberpfalz. Das Buch entführt zu trutzigen Burgruinen, wilden Wassern sowie romantischen Fluss- und Bachtälern. Viele Insidertipps, Hintergrundinformationen und Einkehrvorschläge machen das Buch zu einem nützlichen Begleiter durch eine sagenhafte Region, die nicht nur wegen ihrer günstigen Preise ein Geheimtipp unter den deutschen Wandergebieten ist.

Wolfgang Benkhardt (Hg.)
Noch mehr Ausflüge in der Region Oberpfalz
1. Auflage 2019, ca. 200 Seiten, Format 13,5 x 20,5 cm,
durchgehend farbig, Broschur
ISBN 978-3-95587-068-3
Preis: 16,90 EUR

Wolfgang Benkhardt (Hg.)
Ausflüge in der Region Oberpfalz
1. Auflage 2017, 184 Seiten,
Format 13,5 x 20,5 cm,
durchgehend farbig, Broschur
ISBN 978-3-95587-046-1
Preis: 14,90 EUR

DER Erlebnis-Freizeitführer für Einheimische und Besucher!

Von der bequemen Uferwanderung im Oberpfälzer Seenland bis zur anspruchsvollen Höhlenexpedition im Oberpfälzer Jura, von der Geo-Radltour rund um das „tiefste Loch der Erde" bis zur schaurig-schönen Burgbesteigung: dieser Führer garantiert Abenteuer pur! Jede Tour enthält alle wichtigen Informationen für einen Tagesausflug, von der Anfahrt bis zur Einkehr, sowie eine Karte.

Ein P-Seminar Wanderführer
Natur erleben
rund um Parsberg
Die schönsten Wanderungen
und Radtouren
1. Auflage 2018, 144 S.,
Format 13,5 x 20,5 cm,
durchgehend farbig,
Broschur mit
Drahtkammbindung
ISBN 978-3-86646-355-4
Preis: 14,90 EUR

Andrea Potzler
wanderbare region, Band 1
Format 12 x 20 cm, 168 S.
durchgehend farbig, Broschur
ISBN 978-3-86646-544-2
früher: ~~14,90 EUR~~

Heike Sigel
wanderbare region, Band 2
Format 12 x 20 cm, 176 S.,
durchgehend farbig, Broschur
ISBN 978-3-86646-551-0
früher: ~~14,90 EUR~~

Andrea Potzler
Ostbayerischer
Radwanderführer
1. Auflage 2016, 120 S.,
Format 20,5 x 13,5 cm,
durchgehend farbig,
Broschur mit
Drahtkammbindung
ISBN 978-3-86646-747-7
Preis: 14,90 EUR

Wolfgang Benkhardt
Natürlich Steinwald
Format 12 x 20,5 cm, 180 S.,
durchgehend farbig,
Broschur
ISBN 978-3-935719-69-8
früher: ~~14,95 EUR~~

Wolfgang Benkhardt
Natürlich Nördlicher
Oberpfälzer Wald
Format 12 x 20,5 cm, 168 S.,
durchgehend farbig, Broschur
ISBN 978-3-935719-82-7
früher: ~~14,95 EUR~~

Norbert Griesbacher
Schwammerlsuche in Bayern
2. Auflage 2018, 200 Seiten,
Format 12,5 x 19 cm,
durchgehend farbig, Broschur,
ISBN 978-3-95587-739-2
Preis: 14,90 EUR

»Standardwerk«
Jürgen Herda, Der neue Tag

In diesem Pilzbuch findet man die in der bayerischen Region vorkommenden wichtigsten und mehr oder weniger häufigen Speise- und Giftpilze. Die Pilze können aufgrund der naturgetreuen Fotos sowie durch die ausführliche Beschreibung bestimmt werden. Die ergänzende, umfassende Darstellung der Rubrik „Verwechslung" hilft die Bestimmung abzusichern.

Fundiert · praktisch · effizient

Annette Knell
Einfach gsund mit Kräutermedizin
Rezepte aus meiner bayerischen Heilpraxis
1. Auflage 2019, ca. 200 Seiten, Format 14,8 x 21 cm,
durchgehend farbig, Broschur
ISBN 978-3-95587-745-3
Preis: 17,90 EUR

Medizin aus dem heimischen Boden

Die bodenständige und doch spirituelle „Kräuterhexe" und erfolgreiche Heilpraktikerin Annette Knell verrät ihre wirksamsten Kräuterrezepte, die Sie sich mit dem Buch „Einfach gsund mit Kräutermedizin" aus ihrer eigenen Kräuterapotheke selbst kreieren können. Einfach, unkompliziert und schnell wirksam. Die Naturheilkunde ist kraftvoll, man muss nur wissen, wie man sie anwendet.

Die schönsten Wirtshäuser

je ca. 200 Seiten | Format 17 x 24 cm | durchgehend farbig | Hardcover, Preis: 19,90 EUR

Landshut

Heidi Eichner & Christian Baier
Die schönsten Wirtshäuser in Landshut und Umgebung
1. Auflage 2018
ISBN 978-3-95587-720-0

Amberg

Kristina Sandig
Die schönsten Wirtshäuser in Amberg und Umgebung
1. Auflage 2017
ISBN 978-3-95587-047-8

Straubing

Kerstin & Dima
Die schönsten Wirtshäuser in Straubing und Umgebung
1. Auflage 2017
ISBN 978-3-86646-776-7

Kartenspielen mit Erich Rohrmayer

je 80 Seiten | Format 17,5 x 11,5 cm | durchgehend farbig illustriert | Broschur mit Spiralbindung und Umschlag | Preis: 9,95 EUR

Bereits über 10.000 verkaufte Exemplare

Lerne Schafkopfen
7. unveränderte Auflage 2018
ISBN 978-3-95587-009-6

Lerne Böhmisch Watten & Grasobern
1. Auflage 2017
ISBN 978-3-95587-056-0

Lerne Watten
2. Auflage 2016
ISBN 978-3-95587-017-1

unserer Region!

Passau

Manfred Probst
Die schönsten Wirtshäuser in Passau und Umgebung
1. Auflage 2016
ISBN 978-3-86646-754-5

Regensburg

Josef Roidl / Barbara Zierer
Die schönsten Wirtshäuser in Regensburg und Umgebung
3. Auflage 2015
ISBN 978-3-86646-572-5

Lerne Skat
1. Auflage 2016
ISBN 978-3-95587-035-5

Lerne Wallachen
1. Auflage 2015
ISBN 978-3-95587-023-2

Wolfgang Benkhardt
Der Zoigl
Bierkult aus der Oberpfalz
ISBN 978-3-935719-92-6
Preis: 19,95 EUR

Wirtshauslieder aus der Oberpfalz:

Eichenseer / Karrer (Hg.)
Freinderl, wann geh ma hoam
ISBN 978-3-931904-66-1
früher: ~~15,50 EUR~~

Eichenseer / Karrer (Hg.)
Jessas is's im Wirtshaus schee
ISBN 978-3-934863-32-3
früher: ~~15,50 EUR~~

Christine Riedl-Valder
Die schönsten Cafés in Regensburg und Umgebung
1. Auflage 2017, 184 Seiten,
Format 13,5 x 20,5 cm,
durchgehend farbig, Broschur
ISBN 978-3-86646-351-6
Preis: 17,90 EUR

van Tholen / Kupfer
In Love with Regensburg
1. Auflage 2016, 224 Seiten,
Format 11,5 x 18,5 cm,
durchgehend farbig, Hardcover
ISBN 978-3-86646-334-9
Preis: 14,90 EUR

Vogel / Wohlleben-Seitz
52 faszinierende Orte und Sehenswürdigkeiten in Niederbayern und der Oberpfalz
1. Auflage 2016, 180 Seiten,
Format 13,5 x 20,5 cm,
durchgehend farbig, Broschur
ISBN 978-3-86646-748-4
Preis: 17,90 EUR

Andrea Steinbach (Hg.)
Regensburg mit Kindern entdecken
1. Auflage 2016, 216 Seiten,
Format 12,5 x 19 cm,
durchgehend farbig, Broschur
ISBN 978-3-86646-335-6
Preis: 14,90 EUR

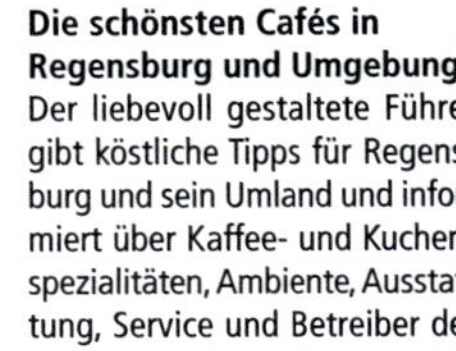

Die schönsten Cafés in Regensburg und Umgebung
Der liebevoll gestaltete Führer gibt köstliche Tipps für Regensburg und sein Umland und informiert über Kaffee- und Kuchenspezialitäten, Ambiente, Ausstattung, Service und Betreiber der einzelnen Cafés. Dabei zeigt sich die bunte Vielfalt der Oberpfälzer Caféhauskultur.

In Love with Regensburg – Ein charmanter Stadtführer für Frauen
Die Autorinnen stellen ihr Regensburg vor und haben für verschiedene Frauentypen wie Romantikerin, Genießerin oder Familienmanagerin die besten Tipps parat.

52 faszinierende Orte und Sehenswürdigkeiten in Niederbayern und der Oberpfalz
Der abwechslungsreiche Ausflugsführer bietet zahlreiche Geheimtipps für Paare, Familien mit Kindern, Freunde – und alle anderen, die Ostbayern gemeinsam entdecken möchten!

Regensburg und Umgebung mit Kindern entdecken
Die coolsten Aktivitäten, die spannendsten Orte, die besten Führungen, die interessantesten Museen und die erstaunlichsten Freizeitangebote – all das finden Sie in diesem Ausflugsführer für Regensburg und Umgebung.

Frühstücken in Regensburg

Wie kann man angenehmer in den Tag starten, als mit einem ausgiebigen, wohlschmeckenden Frühstück? Am besten dann, wenn man sich nicht selbst darum kümmern muss, was auf den Tisch kommt – umgeben von angenehmer Gesellschaft in einem schönen Ambiente, in dem liebevoll für das besondere Gaumenkitzeln gesorgt wird. Genau das schätzen die beiden Autorinnen Eva Janik und Marion Lanzl und haben ihre Erlebnisse und Eindrücke festgehalten: In ihrem Führer „Frühstücken in Regensburg" stellen sie ihre persönlichen Frühstückstipps und damit rund 30 kleine und große, alteingesessene und junge Frühstückslokale in der Regensburger Altstadt vor. In diesem Buch werden Sie keine „Ketten" finden, dafür lernen Sie die Menschen hinter den Kulissen kennen. Denn die beiden Autorinnen gehen bei ihrer Recherche auch der Frage auf den Grund, was nicht nur die Betreiber, sondern auch bekannte Personen aus Regensburg am liebsten frühstücken, wenn sie Zeit haben. Kleine Geschichten rund um die Räumlichkeiten, ein Überblick über das verlockende Frühstücksangebot, verführerische Bilder und der „Espresso-Index" runden dieses Buch ab, das Sie vorsichtshalber immer in Ihrer Handtasche haben sollten, aber auch das perfekte Geschenk für Ihre liebste Frühstücksbegleitung ist!

Eva Janik & Marion Lanzl
Frühstücken in Regensburg
Eine kulinarische Reise durch die Domstadt
1. Auflage 2019, ca. 160 Seiten, Format 13,5 x 20,5 cm, durchgehend farbig, Broschur
ISBN 978-3-86646-376-9
Preis: 17,90 EUR

Die besten Rezepte aus unserer Heimat

je ca. 160 Seiten | Format 17 x 24 cm | durchgehend farbig |Hardcover | Preis: 19,95 EUR

Bröislboard, Buchtala und Böihmische Kniadla
2. Auflage 2016
ISBN
978-3-95587-025-6

Von Frühlingskräutern bis zum Wintergemüse
ISBN
978-3-95587-010-2

Erdäpfl, a so a Freid
2. Auflage,
ISBN
978-3-935719-95-7

Spouzn, Schoppala & Schwammerbröih
8. Auflage 2016,
ISBN
978-3-95587-024-9

Spaghetti, Snacks & scharfe Sachen
ISBN
978-3-95587-011-9

Kouchn, Köichla, Kipfala
3. Auflage 2016
ISBN
978-3-935719-77-3

Spitzboum, Stolln und Springala
1. Auflage 2017
ISBN
978-3-95587-055-3

Inge Häußler
Großes Oberpfälzer Kartoffelkochbuch
6. Auflage, 248 Seiten,
Format 17 x 24 cm,
durchgehend farbig,
Hardcover
ISBN 978-3-86646-309-7
Preis: 19,90 EUR

Irmi Hofmann
Kartoffel-Schmankerl
2. Auflage, 160 Seiten,
Format 17 x 24 cm,
durchgehend farbig,
Hardcover
ISBN 978-3-89682-076-1
Preis: 14,90 EUR

»Die Fotos machen Lust aufs Nachkochen.«

Stefan Grötsch, Juraland

Irmi Hofmann
Bayerische Mehlspeisen
2. Auflage 2018, 160 Seiten, Format 17 x 24 cm,
durchgehend farbig, Hardcover
ISBN 978-3-95587-730-9
Preis: 19,90 EUR

Bayerische Mehlspeisen

Genießen mit allen Sinnen

Schon die Vorstellung von Kaiserschmarrn, Marillenbuchteln oder Reiberdatschi wärmt den Bauch, bringt Wohlgefühl und erinnert an Gerüche, Geschmack und Erlebnisse aus der Küche der Kindheit.

Wenn die Großmutter ohne Rezept kochte, mit einer Handvoll Mehl und einer Prise Zucker, wenn versäumt wurde, die Rezepte aufzuschreiben: dieses Mehlspeisenbuch hilft beim Kochen. Mit einfachen Zutaten, einer klaren Beschreibung, vielen Fotos und Tipps gelingen die Mehlspeisen auch ungeübteren KöchInnen.

Format je 17 x 24 cm | durchgehend farbig | Hardcover

Schmankerl aus der Klosterküche
Köstliche Koch- und Backrezepte
1. Auflage 2015, 192 Seiten
ISBN 978-3-86646-705-7
Preis: 19,90 EUR

Kochbuch für Leib und Seele
Lieblingsrezepte für himmlischen Genuss
1. Auflage 2015, 160 Seiten
ISBN 978-3-86646-719-4
Preis: 17,90 EUR

Rupert Berndl
Brennsuppn und Erdäpfel
Vergessene Rezepte aus dem Bayerischen Wald
4. Auflage, 160 Seiten,
ISBN 978-3-89682-201-7
Preis: 19,90 EUR

Rupert Berndl
Kartoffelsterz und Hollerkoch
Rezepte aus schweren Zeiten
144 Seiten,
ISBN 978-3-86646-701-9
Preis: 24,90 EUR

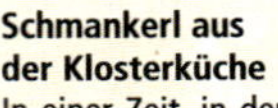

Schmankerl aus der Klosterküche
In einer Zeit, in der das rechte Maß abhanden zu kommen scheint, schätzen wir wieder die Klosterküche, genießen gute, einfache und gesunde Speisen, deren Rezepte sich am jahreszeitlichen Angebot der Natur und am vernünftigen Maßhalten im Essen und Trinken orientieren.

Kochbuch für Leib und Seele
Sie kochen gerne schmackhaft, leicht und ausgewogen, schätzen jahreszeitgemäße, regionale und kreative Küche? Sie suchen einen Gaumenschmaus oder etwas für den kleinen Hunger? Für jeden Appetit, auch zum Dessert oder zum Kaffee, finden Sie vielfältige Rezeptideen.

Brennsuppn und Erdäpfel
Das Buch präsentiert in Vergessenheit geratene Rezepte aus dem Bayerwald des 19. Jahrhunderts. Durch den Blick in die Kochtöpfe dieses Landstriches erhält man einen spannenden Einblick in das Leben der Menschen zwischen 1830 und 1880.

Kartoffelsterz und Hollerkoch
In mehreren handgeschriebenen Kochbüchern entdeckte Rupert Berndl einfallsreiche Kochrezepte aus einer Zeit, in der es galt, mit dem Wenigen, das noch zur Verfügung stand, die Familien satt zu bekommen. Entdecken Sie die nahezu vergessenen Rezepte aus Großmutters Zeit.

Naturerlebnis Bayerwald

Kai Ulrich Müller
Faszination Bayerischer Wald
1. Auflage 2016, 244 S., Format 24 x 32 cm, durchgehend farbig, Hardcover
ISBN 978-3-86646-750-7
Preis: 29,90 EUR

»Jeder, der hier wohnt, braucht dieses Buch.«

Nadine Niebauer, Radio Charivari

Erleben Sie die ganze Vielfalt und den einzigartigen Charme des Bayerischen Waldes mit nebelverhangenen Bergen, stillen Bergseen, einsamen Mooren, geschichtsträchtigen Städten und einer faszinierenden Tier- und Pflanzenwelt.

Steffen Krieger
Die Schönheit des Augenblicks
Natur im Nationalpark Bayerischer Wald
1. Auflage 2018, 176 Seiten, Format 27 x 24 cm, durchgehend farbig, Hardcover
ISBN 978-3-86646-786-6
Preis: 29,90 EUR

»Ein Bildband, der bei den Menschen den Sinn für die Vergänglichkeit und die Schutzbedürftigkeit unserer Natur schärfen will – und zwar in einzigartigen Bildern.«

Frank Bietau, Der Bayerwald-Bote

Der Naturfotograf Steffen Krieger zeigt mit faszinierenden Aufnahmen durch die Jahreszeiten seine ganz persönliche Sicht auf dieses Schutzgebiet im Osten Bayerns an der Grenze zu Tschechien. Dabei ist es sein Wunsch, den Sinn für die Verletzlichkeit der Natur, ihre Schönheit und Schutzbedürftigkeit zu schärfen.

Format 27 x 24 cm | mit farbigen Fotos | Hardcover

Bildbände zum Sonderpreis von 19,90 EUR!

Berndt Fischer
Das Grüne Dach Europas
144 S.,
ISBN 978-3-935719-85-8
früher: ~~24,95 EUR~~

Günter Moser /
Bernhard Setzwein
Im Arberland
128 Seiten
ISBN 978-3-935719-75-9
früher: ~~24,95 EUR~~

Marco Heurich /
Karl Friedrich Sinner
Der Luchs
140 Seiten
ISBN 978-3-935719-66-7
früher: ~~24,95 EUR~~

Moser / Setzwein
Die Oberpfalz
2. Auflage, 176 Seiten
ISBN
978-3-935719-88-9
früher: ~~29,95 EUR~~

Moser / Setzwein /
Conrad
Oberpfälzer Burgen
2. Auflage, 140 Seiten
ISBN
978-3-935719-54-4
früher: ~~24,80 EUR~~

Setzwein / Moser
Heilige Berge – Heilige Quellen
144 Seiten
ISBN
978-3-935719-96-4
früher: ~~24,95 EUR~~

Kraus / Moser
Kreuz, Birnbaum und Hollerstauern
128 Seiten
ISBN
978-3-935719-81-0
früher: ~~24,95 EUR~~

Bildbände von Martin Ortmeier

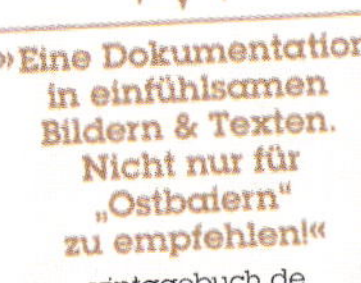

Format je 26 x 21 cm | s/w bebildert | Hardcover

Herent und drent
Alte Bilder aus dem Bayerischen Wald und dem Böhmerwald
2. Auflage 2018, 160 S.,
ISBN 978-3-95587-061-4
Preis: 18,90 EUR

Schee is gwen, owa hirt
Alte Bilder aus dem Bayerischen Wald
5. Auflage 2018, 128 S.,
ISBN 978-3-95587-062-1
Preis: 16,90 EUR

Seinerzeit auf dem Land
Alte Bilder von Frauenalltag und Männerwelt in Ostbaiern
1. Auflage 2018, 144 Seiten,
ISBN 978-3-95587-736-1
Preis: 19,90 EUR

Alte Fotografien berichten über Frauen- und Männerarbeit in Ostbaiern, dem bäuerlichen Land südlich und nördlich der Donau, von Stephansposching bis Wesenufer, von Viechtach bis Simbach.
Dem aufmerksamen Betrachter erzählen die Bilder aus längst vergangenen Zeiten. Details geben Hinweise auf Ort und Zeit, Anekdoten rufen das Leben zurück.

Erinnerungen an die „Stoapfalz"

je 128 Seiten | Format 26 x 21 cm | s/w bebildert | Hardcover | Preis: 16,90 EUR

Heimrath / Angerer
Woaßt as no?
Fotografische Erinnerungen aus der Oberpfalz
3. Auflage
ISBN 978-3-935719-15-5

Heimrath / Angerer
Wöi's gwen is
Landleben in der Oberpfalz in Fotos von 1900–1960
7. Auflage
ISBN 978-3-924350-99-4

Heimrath / Angerer
No wos vo fröiha
Ein Rückblick mit alten Fotos aus der Oberpfalz
2. Auflage
ISBN 978-3-935719-22-3

Oskar Duschinger
Hans Schuierer
Symbolfigur des friedlichen Widerstandes gegen die WAA
1. Auflage 2018, 408 S., Format 17 x 24 cm, s/w bebildert, Hardcover
ISBN 978-3-95587-063-8
Preis: 19,90 EUR

»Für alle, die sich an diese wichtige Zeit in der Oberpfalz erinnern, die vielleicht mitdemonstriert haben oder die sich einfach ausführlich über die WAA und die damalige Politik informieren wollen, ist dieses Buch unserer Meinung nach sehr empfehlenswert.«

Alexander Wagner,
PresseWagner/nachrichten-oberpfalz.de

30 Jahre Ende der WAA in Wackersdorf

Das Buch berichtet von den Vorgängen im Taxöldener Forst in den 1980er Jahren, die eine ganze Region in Aufruhr versetzten. Wer ist dieser Mann, der ein gigantisches Atomprojekt im Herzen der Oberpfalz verhinderte? Heute ist Hans Schuierer mit seinem konsequenten Eintreten für Heimat, Recht und Freiheit ein Vorbild für Generationen.

Stefan Mirbeth / Hans Ernst
Hemau in historischen Bildern
1. Auflage 2018, 136 Seiten, Format 22 x 20,5 cm, s/w bebildert, Hardcover
ISBN 978-3-86646-360-8
Preis: 19,90 EUR

Historische Ortsansichten
des Oberpfälzers J. G. Hämmerl
1. Auflage 2016, 120 Seiten, Format 22,5 x 17,3 cm, durchgehend farbig, Hardcover
ISBN 978-3-95587-033-1
Preis: 14,95 EUR

Marktgemeinde Regenstauf
Eine Chronik – Geschichte und Geschichten
280 Seiten, Format 21 x 28 cm, durchgehend farbig, Hardcover
ISBN 978-3-86646-563-3
Preis: 29,– EUR

Die Bedeutung der Eisenbahn für die wirtschaftliche Blütezeit des Bayerwaldes

Die Erschließung des Bayerischen Waldes mit den verschiedenen Lokalbahnen brachte ab dem Ende des 19. Jahrhunderts einen enormen wirtschaftlichen Aufschwung für den gesamten Landstrich. An den Bahnlinien zwischen Passau und Haidmühle, Freyung, Obernzell, Wegscheid, Tittling, Regen und Kötzting siedelten sich vor allem im Umfeld der Bahnhöfe und Haltestellen bald schon zahlreiche Betriebe an. Die Steinbrüche und Sägewerke konnten ihre begehrten Produkte jetzt in weit entfernte Gegenden zu günstigeren Konditionen liefern. Viele neue Arbeitsplätze entstanden, die einer großen Zahl von Familien ein vernünftiges Auskommen sicherten. Auch der Tourismus erlebte durch die Eisenbahn eine erste Blütezeit. Für die Bürgerschaft eröffnete der Personenverkehr bis dahin nicht gekannte Möglichkeiten. Konnte man doch mithilfe der Bahn für ein erschwingliches Entgelt in relativ kurzer Zeit bequem und sicher ferne Ziele erreichen.

Rupert Berndl
Als die Eisenbahn in den Wald kam
Eine Erfolgsgeschichte aus dem Bayerischen Wald
1. Auflage 2019, 136 Seiten,
Format 17 x 24 cm, farbig, Hardcover
ISBN 978-3-95587-750-7
Preis: 19,90 EUR

Walther Zeitler
Eisenbahnen in Niederbayern und der Oberpfalz
2. Auflage, 384 Seiten, Format 22,5 x 26 cm, mit 195 z. T. farbigen Abbildungen, Hardcover
ISBN 978-3-924350-61-1
Preis: 39,90 EUR

Historische Nebenbahnen
In der Oberpfalz und Niederbayern
120 S., Format 14,8 x 21 cm, farbig, Broschur
ISBN 978-3-86646-556-5
früher: ~~19,95 EUR~~

»Eine perfekte Melange zwischen Science-Fiction, Heimatroman und Liebesgeschichte.«

Sabine Tischhöfer, Die Besprechung

Kreszentia lebt im christlich und zugleich magisch-mystisch geprägten Bayerwald zu Anfang des 20. Jahrhunderts, Eduard entstammt der modernen Großstadtwelt der Gegenwart. Ein einzigartiges kosmisch-physikalisches Phänomen ermöglicht den beiden Zeitreisen zwischen dem arbeits- und entbehrungsreichen Leben einerseits und der Welt des technischen Fortschritts andererseits. Doch dann greift das Schicksal auf unerwartete Weise ein …

Herbert Becker
Die erstaunliche Reise der Kreszentia Haberstroh
Roman
1. Auflage 2017, 280 S., Format 13,5 x 20,5 cm, Broschur
ISBN 978-3-86646-784-2
Preis: 13,90 EUR

Maria Gruber · **Mit Stieren ackern**
Eine Bauerntochter erzählt ihr Leben
5. Auflage, 220 Seiten, Hardcover
ISBN 978-3-89682-977-1
früher: ~~12,90 EUR~~

Das Buch erzählt verständnisvoll und zeitkritisch, zugleich humorvoll und ernst, von der harten bäuerlichen Welt, in der die Autorin Männerarbeit verrichtete und buchstäblich mit Stieren ackerte.

Grasmond · Roman
2. Auflage 2018, 208 S.,
Format 13,5 x 20,5 cm,
Broschur
ISBN
978-3-95587-746-0
Preis 14,90 EUR

»Ein Lesegewinn!«
BR Heimat über »Grasmond« und »Sauforst«

Sauforst
Vom Suchen und Finden der Heimat
1. Auflage 2017, 216 S.,
Format 13,5 x 20,5 cm,
Hardcover
ISBN
978-3-86646-785-9
Preis 14,90 EUR

Gerda Stauner: Die Familiensaga geht weiter

Wolfsgrund
Eine Spurensuche
1. Auflage 2019,
ca. 220 Seiten,
Format 13,5 x 20,5 cm,
Hardcover
ISBN
978-3-95587-748-4
Preis 16,90 EUR

Ein einsamer Wolf. Ein verlassenes Dorf. Zwei Menschen am Scheideweg.

Der Journalist Melchior Beerbauer steht vor einem Scherbenhaufen. Er ringt mit der Frage, ob er das Geheimnis um seinen unehelichen Sohn lüften soll, denn damit würde er seinen besten Freund verlieren. Zeitgleich beginnt er mit der Recherche über die ungeheuerliche Enteignung von fast fünftausend Menschen zugunsten eines Truppenübungsplatzes. Ein einsamer Wolf, der immer wieder auf dem naturgeschützten Gelände gesichtet wird, weckt sein Interesse. Das wilde Tier, mit dessen Schicksal sich der heimatlose Melchior seltsam verbunden fühlt, deckt verschüttete Sehnsüchte in ihm auf.

Vier Männer und ein frivoles Abenteuer in luftigen Höhen

Bayern hat weit mehr zu bieten als nur die Alpen, das Oktoberfest oder ein Märchenschloss. Längst ist allgemein bekannt, dass die Bewohner dieses wunderschönen Landes ganz besonders gerne flirten, bussln und auf d'Stanz gehen. Von Miederhausen bis zur Reiteralm sind paarungswillige Bayern auf der Suche nach der Liebe – oder einfach nur dem nächsten Gspusi.

So auch Anderl, Fridl, Sepp und Vinz, die bei einem feuchtfröhlichen Abend den Plan schmieden, es wieder einmal richtig krachen zu lassen. Denn Obandln is unter weißblauem Himmel bsonders schee und a bisserl was geht fast ollawei.

Annamirl Zuckerschnirl
Edelweiß & Steckerleis · Ein erotischer Heimatroman
1. Auflage 2018, 168 Seiten, Format 13,5 x 20,5 cm, Klappenbroschur
ISBN 978-3-95587-737-8
Preis: 14,90 EUR

Gabriele Kiesl
Verschicktes Glück
Himmlisch verliebt in der Oberpfalz
1. Auflage 2018, 152 Seiten, Format 13,5 x 20,5 cm, Broschur
ISBN 978-3-95587-705-7
Preis: 14,90 EUR

Angela Kreuz
Straßenbahnträumer
Roman
1. Auflage 2017, 168 Seiten, Format 13,5 x 20,5 cm, Broschur
ISBN 978-3-86646-354-7
Preis: 13,90 EUR

Sabine Eva Rädisch
Brot und Bitterschokolade
Liebesroman
1. Auflage 2016, 240 Seiten, Format 13,5 x 20,5 cm, Hardcover
ISBN 978-3-86646-764-4
früher: ~~14,90 EUR~~

Ein Skandal und große Gefühle in Regensburg

Was passiert, wenn innerhalb weniger Minuten ein ganzer Lebensplan zusammenbricht? Jana erlebt diesen Albtraum an der Seite ihres Mannes, der zu jener Zeit Bürgermeister in Regensburg ist: Er verlässt sie wegen einer anderen Frau und wird als Politiker in einem Strudel juristischer Ermittlungen demontiert. Jana versucht unterdessen, ihre gemeinsamen Kinder zu schützen und ihren persönlichen Kummer zu bewältigen. Im Wechsel der Erzählperspektiven entsteht ein facettenreiches Bild einer politischen Affäre und Janas ganz persönlicher Sicht auf Werte wie Freundschaft, Liebe und Wahrheit.

Anja Wolbergs · **In Liebe, Jana!**
Ein Skandal und große Gefühle in Regensburg
1. Auflage 2018, 192 Seiten, Format 13,5 x 20,5 cm, Broschur
ISBN 978-3-86646-373-8, Preis: 16,90 EUR

Eine Freiluft-Romanze aus der Oberpfalz

Sissi will die Welt erobern – aber dazu muss sie raus aus dem verschlafenen bayrischen Nest, in dem sie aufgewachsen ist.
Den neuen Job bei dem angesagten Lifestylemagazin RATSCHKATHL so gut wie in der Tasche, bietet ihr Regensburg die Chance, ihre neugewonnene Freiheit zu genießen. Dass Träume allerdings auch in der Stadt zerplatzen können, ist eines der Dinge, die Sissi schneller lernen muss, als ihr lieb ist.

Stephi Greger · **Ratschkathl**
Eine Freiluft-Romanze aus der Oberpfalz
1. Auflage 2018, 232 Seiten, Format 13,5 x 20,5 cm, Broschur

ISBN 978-3-95587-060-7, Preis: 14,90 EUR

Karl Bauers populäres Buch über Regensburg in Geschichte, Kunst, Kultur und Brauchtum gilt als das Standardwerk der über 2000-jährigen Donaustadt. **Ein unverzichtbares Nachschlagewerk!**

Karl und Peter Bauer
Regensburg – Kunst-, Kultur- und Alltagsgeschichte
6. Auflage, 1088 Seiten, Format 17 x 24 cm, mit zahlreichen s/w-Abbildungen, Hardcover mit Schutzumschlag
ISBN 978-3-86646-300-4
Preis: 49,90 EUR

Peter Morsbach (Hg.)
Regensburger Almanach 2018
1. Auflage 2018, 272 Seiten, Format 22 x 20,5 cm, durchgehend farbig, Hardcover
ISBN 978-3-86646-370-7
Preis: 29,90 EUR

Stadt Regensburg (Hg.)
Die Steinerne Brücke – 2010 bis 2018
1. Auflage 2018, 248 Seiten, Format 21,5 x 21,5 cm, durchgehend farbig, Hardcover
ISBN 978-3-86646-366-0
Preis: 19,90 EUR

Heiner Eichermüller / Martin Kempter
Straßenbahn in Regensburg
1. Auflage 2015, 164 Seiten, Format 21 x 28 cm, durchgehend farbig bebildert, Hardcover
ISBN 978-3-86646-318-9
früher: ~~29,90 EUR~~

Beer / Unger (Hg.)
Kleine Regensburger Münzgeschichte
Münzen, Medaillen und Notgeld
1. Auflage 2016, 164 Seiten, Format 17 x 24 cm, Hardcover
ISBN 978-3-86646-136-9
früher: ~~39,90 EUR~~

Julia Knoll / Peter Milic
Regensburg in historischen Bildern, Band 1
Straßen, Gassen und Plätze auf Ansichtskarten
1. Auflage 2015, 128 Seiten,
Format 22 x 20,5 cm,
Hardcover
ISBN 978-3-86646-324-0
Preis: 14,90 EUR

Julia Knoll / Peter Milic
Regensburg in historischen Bildern, Band 2
Gebäude und Bauwerke auf Ansichtskarten
1. Auflage 2016, 136 Seiten,
Format 22 x 20,5 cm,
Hardcover
ISBN 978-3-86646-346-2
Preis: 14,90 EUR

Otmar Fritz · **Regensburg**
Ein Stadtspaziergang in historischen Fotos
1. Auflage 2018, 112 Seiten,
Format 24 x 20 cm,
durchgehend farbig, Hardcover
ISBN 978-3-86646-365-3
Preis: 19,90 EUR

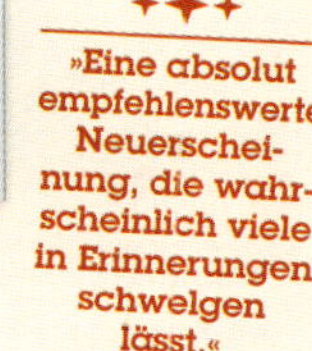

Die Serie „Zeitreise" aus dem **Kulturjournal Regensburg**

Peter Lang
Regensburg gestern und heute
1. Auflage 2017, 168 Seiten,
Format 17 x 24 cm,
durchgehend farbig, Hardcover
ISBN 978-3-86646-352-3
Preis: 19,90 EUR

Die Beiträge dieses Bands sind die Zusammenfassung der Serie „Zeitreise", die seit Oktober 2013 im Kulturjournal Regensburg erscheint und jeweils Monat für Monat eine historische Postkarte oder eine alte Fotografie mit einer Aufnahme jüngsten Datums vergleicht. Aufgenommen natürlich aus demselben Blickwinkel, den seinerzeit auch der historische Fotograf wählte.

Bücher von Peter Schmoll

Mit zahlreichen, teilweise unveröffentlichten Abbildungen!

Regensburg – Die Katastrophe vom 17. August 1943
1. Auflage 2018, 128 Seiten,
Format 17 x 24 cm, Broschur
ISBN 978-3-86646-369-1
Preis: 19,90 EUR

Sperrfeuer
Die Regensburger Flakhelfer
1. Auflage 2017, 144 Seiten,
Format 17 x 24 cm, Broschur
ISBN 978-3-86646-357-8
Preis 19,90 EUR

Me 109
Produktion und Einsatz
1. Auflage 2017, 312 Seiten,
Format 21 x 28 cm, Hardcover
ISBN 978-3-86646-356-1
Preis 29,90 EUR

Messerschmitt-Giganten
und der Fliegerhorst
Regensburg-Obertraubling
1936–1945
2. Auflage 2016, 280 Seiten,
Format 21 x 28 cm, Hardcover
ISBN 978-3-86646-336-3
Preis: 29,90 EUR

Luftangriffe auf Regensburg
Die Messerschmitt-Werke und
Regensburg im
Fadenkreuz alliierter Bomber
1939 – 1945
2. Auflage 2015, 254 Seiten,
Format 21 x 28 cm, Hardcover
ISBN 978-3-86646-310-3
Preis 19,90 EUR

Die Messerschmitt-Werke im Zweiten Weltkrieg
3. Auflage, 232 Seiten,
Format 17 x 24 cm, Hardcover
ISBN: 978-3-931904-38-8
Preis: 20,50 EUR

Spannend und sorgfältig recherchiert: Bücher über das dunkelste Kapitel unserer Heimatgeschichte

Rainer Ostermann
Kriegsende in der Oberpfalz
2. Auflage 2015, 192 S.,
Format 17 x 24 cm,
s/w bebildert, Hardcover
ISBN: 978-3-86646-315-8
Preis: 19,90 EUR

Klaus Schriml
Im Fadenkreuz der Alliierten
2. Auflage 2018, 144 S.,
Format 21 x 28 cm,
s/w bebildert, Broschur
ISBN 978-3-95587-064-5
Preis: 19,90 EUR

German Vogelsang (Hg.)
Sie kommen!
1. Auflage 2015, 160 S.
Format 22 x 27,5 cm,
s/w bebildert, Hardcover
ISBN 978-3-95587-008-9
Preis: 19,95 EUR

Rupert Berndl
Bombenalarm
und Care-Pakete
1. Auflage 2016, 136 S.,
Format 13,5 x 20,5 cm,
s/w bebildert, Hardcover
ISBN 978-3-86646-755-2
Preis: 14,90 EUR

Gschichtn vom Wiggerl vom Arnulfsplatz

jeweils schwarz-weiß illustriert und Hardcover

Lausbubengeschichten
aus Regensburg
136 Seiten,
Format 13,5 x 20,5 cm
ISBN 978-3-86646-308-0
Preis 12,90 EUR

Als der Wiggerl in
den Krieg musste ...
1. Auflage 2015,
196 Seiten,
Format 14,8 x 21 cm,
ISBN 978-3-86646-320-2
Preis: 14,90 EUR

HUMORVOLLE BUCH-SCHMANKERL

für jedes Bücherregal

Eugen Oker
Babba, sagt der Maxl
127 Seiten,
Format 13,5 x 20,5 cm,
Hardcover
ISBN
978-3-931904-92-0
Preis: 12,90 EUR

Alfons Schweiggert (Hg.)
Das Nachtkastlbuch
3. Auflage 2015,
160 Seiten,
Format 13,5 x 20,5 cm,
Broschur
ISBN
978-3-86646-707-1
Preis: 12,90 EUR

Georg Lohmeier

Königlich Bayerisches Amtsgericht

je 160 Seiten | Format 13,5 x 20,5 cm | Hardcover | Preis: 9,90 EUR

Der Bierkrawall und andere Verhandlungen, Band 1
(2. Aufl.)
ISBN
978-3-89682-131-7

Der Roßtäuschler und weitere Verhandlungen, Band 2
ISBN
978-3-89682-132-4

Die Körperverletzung und folgende Verhandlungen, Band 3
ISBN
978-3-89682-133-1

Der Pfarrergockel und die übrigen Verhandlungen, Band 4
ISBN
978-3-89682-134-8

Die Neuausgabe der „Baierischen Weltgschicht“ liebevoll farbig illustriert von Heidi Eichner

Wer kennt sie nicht? Michl Ehbauers bairische Schöpfungsgeschichte, die in herzerwärmender und zugleich urkomischer – aber immer auch respektvoller – Mundart die Entstehung der Welt erzählt, gehört längst zu den beliebtesten Klassikern aus Bayern.

Am 27. August 2019 wäre Michl Ehbauer 120 Jahre alt geworden. Als Hommage an den Autor und sein Lebenswerk erscheint nun die „Baierische Weltgschicht“ als farbig illustrierte Sonderausgabe – ein Schmuckstück für jedes Bücherregal.

Michl Ehbauer
Baierische Weltgschicht, Band 1 (farbig illustrierte Schmuckausgabe)
6. Auflage 2019, mit Illustrationen von Heidi Eichner, ca. 300 Seiten, Format 14,8 x 21 cm, durchgehend farbig, Hardcover
ISBN 978-3-86646-760-6
Preis: 19,90 EUR

Michael Ehbauer
Baierische Weltgeschichte, Band 2
191 Seiten, Format 13,5 x 20,5 cm, Hardcover
ISBN 978-3-89682-153-9
Preis: 14,90 EUR

Otto Hietsch /
Andreas Dick (Bearb.)
Wörterbuch Bairisch – English
1. Auflage 2015, 176 Seiten,
Format 14,8 x 21 cm,
s/w illustriert, Hardcover
ISBN 978-3-86646-307-3
Preis: 19,90 EUR

Bruckbauer / Kiesl / Grun
De Überbliema oder ois bleibt besser (DVD)
2. Auflage 2016,
Spieldauer: 70 min,
Extras: Trailer, Making-Of,
G-TIN 4018577000015
Preis: 9,90 EUR

Klaus Schwarzfischer (Schwafi)
Da Schtruwlbeda af Bairisch
1. Auflage 2018, 44 Seiten,
Format 17 x 24 cm,
durchgehend farbig, Hardcover
ISBN 978-3-95587-709-5
Preis: 14,90 EUR

»Die bairische Version war überfällig und ist nicht nur für Kinder von drei bis zehn Jahre amüsant, sondern für alle, die einen bairischen Humor verstehen und aushalten.«

Marion Lanzl,
Mittelbayerische Zeitung

Frisst da Schtruwlbeda kloane Kinder? Um die Befürchtungen besorgter Eltern von vornherein zu zerstreuen: Nein! Klaus Schwarzfischers Version des Kinderbuchklassikers ist bayerisch, witzig und frech, aber nicht lebensgefährlich.

Helmut Zöpfl
Pssst … Streng vertraulich
1. Auflage 2017, 176 Seiten,
Format 13,5 x 20,5 cm,
Broschur
ISBN 978-3-86646-791-0
Preis: 16,90 EUR

Helmut Zöpfl
Lebn und lebn lassen
2. Auflage 2016, 168 Seiten,
Format 13,5 x 20,5 cm,
Hardcover
ISBN 978-3-86646-759-0
Preis: 14,90 EUR

»Schpitz, di soll da Deifl holn!«

(Witwe Bolte)

Siem schtoake Schtickl!

Endlich erfahren auch bayerische Kinder, was mit ihnen passiert, wenn sie älteren Damen das Essen klauen, in Privathäuser und Gewerberäume einbrechen oder ihre Lehrer in die Luft jagen. „Max und Moritz af Bairisch" erzählt Wilhelm Buschs genialen „Ur-Comic" von 1865 urkomisch im Dialekt nach. Der Leser kann sich auf „siem schtoake Schtickl" freuen, die das Original nicht wörtlich übersetzen, sondern reichlich mit bayerischem Humor garnieren. Eine Liebeserklärung an den Dialekt, an den unerschöpflichen bayerischen Sprachschatz und an Wilhelm Busch sowieso. Vor allem aber ein großer Lesespaß, oder sagen wir lieber „mords a Gaude" für alle, die Sprache als ein Stück Heimat begreifen.

Klaus Schwarzfischer
(Schwafi)
Max und Moritz
af Bairisch
1. Auflage 2019, 64 Seiten,
Format 17 x 24 cm,
durchgehend farbig,
Hardcover
ISBN 978-3-95587-752-1
Preis: 14,90 EUR

Bücher von Toni Lauerer

je 160 Seiten | Format 13,5 x 20,5 cm | Hardcover | 14,90 EUR

Scho wieder Weihnachten?
ISBN 978-3-86646-344-8

Der Alltag is da Wahnsinn
ISBN 978-3-86646-337-0

Willkommen im Spiegelsaal
ISBN 978-3-86646-305-9

Endlich wieder gschafft
ISBN 978-3-934863-17-0

I glaub, i spinn
ISBN 978-3-931904-43-2

Wos gibt's Neis?
ISBN 978-3-931904-77-7

Hauptsach', es schmeckt!
ISBN 978-3-934863-08-8

I bin's wieder
ISBN 978-3-934863-31-6

Voll im Trend
ISBN 978-3-934863-68-2

Hand aufs Herz – wie oft haben wir uns schon bei verschiedensten Gelegenheiten insgeheim gedacht:

Lauter Deppen!

Mei, bin i a Depp!
1. Auflage 2018, 152 Seiten,
Format 13,5 x 20,5 cm, Hardcover
ISBN 978-3-86646-371-4
Preis: 14,90 EUR

Mei, bin i a Depp!
(Hörbuch)
1. Auflage 2018,
Spieldauer: 76 Minuten
ISBN 978-3-86646-375-2
Preis: 14,90 EUR

Die schönsten Grimms Märchen auf Bairisch

Geschrieben und gelesen von Toni Lauerer, illustriert von Heidi Eichner

Die schönsten Grimms Märchen auf Bairisch
1. Auflage 2018, 136 Seiten,
Format 17 x 24 cm, durchgehend farbig, mit Illustrationen von Heidi Eichner, Hardcover
ISBN 978-3-95587-719-4
Preis: 19,90 EUR

Die schönsten Grimms Märchen auf Bairisch
(Hörbuch)
1. Auflage 2018, 2 CDs,157 Min.
ISBN 978-3-95587-735-4
Preis: 19,90 EUR

Die Live-DVD

zum Bühnenprogramm!

Eigentlich is wurscht
Live-DVD
1. Auflage 2017,
G-TIN 4018577000039
Preis: 16,90 EUR

Audio-CDs je 14,90 EUR

Wos gibt's Neis?
ISBN
978-3-934863-42-2

I glaub, i spinn
ISBN
978-3-934863-18-7

Eigentlich is wurscht
ISBN
978-3-86646-306-6

Endlich wieder gschafft
ISBN
978-3-934863-22-4

Scho wieder Weihnachten?
ISBN 978-3-86646-348-6

Die Oberpfalz ist voll von Sagen, Märchen und Legenden!

»Ein Zuckerl für Liebhaber fantastischer Geschichten aus der Vergangenheit!«
Franz Bumeder, BR Heimat

Hubertus Hinse /
Toni Lauerer
Glaubn mechst es ja ned
Sagen aus der Oberpfalz
1. Auflage 2017,
152 Seiten,
Format 13,5 x 20,5 cm,
Hardcover
ISBN 978-3-86646-362-2
Preis: 14,90 EUR

Glaubn mechst es ja ned (Hörbuch/ Audio-CD)
2. Auflage 2017
ISBN 978-3-86646-361-5
Preis: 14,90 EUR

Bayerisches für Hirn, Herz und Humor
vom „Goaßmaß-Botschafter"

Vogelmayer · **Gaudi zum Beruf machen**
1. Auflage 2018, 152 S., s/w bebildert,
Format 13,5 x 20,5 cm, Hardcover
ISBN 978-3-95587-731-6
Preis: 14,90 EUR

Von einem, der wegzog und wieder heimfand

Helmut A. Binser · **Wieder Dahoam**
1. Auflage 2016, 144 Seiten,
Format 13,5 x 20,5 cm, Hardcover
ISBN 978-3-86646-777-4
Preis: 14,90 EUR

Norbert Neugirg

Format 13 x 20,5 cm | Hardcover mit Schutzumschlag

Ansichten & schlichte, nicht vernichtete Gedichte
2. Auflage, 176 Seiten
ISBN
978-3-935719-76-6
Preis: 16,95 EUR

Was ich so denk'
7. Auflage, 152 Seiten
ISBN
978-3-935719-38-4
Preis: 14,80 EUR

Worte, Reim und Bücherleim
5. Auflage 2016,
144 Seiten
ISBN
978-3-95587-037-9
Preis: 14,80 EUR

Tusch eineinhalbmal
1. Auflage 2015,
176 Seiten
ISBN
978-3-95587-030-0
Preis: 16,95 EUR

Ein Wohlfühlbuch

voll menschlicher Wärme, feinem Humor und Optimismus!

Andreas Dick
Wos i dia wünsch
1. Auflage 2018, 128 Seiten,
Format 12,5 x 18,5 cm,
farbig bebildert, Hardcover
ISBN 978-3-95587-717-0
Preis: 10,00 EUR

»Wos i dia wünsch **ist (…) ein Wohlfühlbuch, das Freude, Glück, Hoffnung schenkt.**«
Mittelbayerische Zeitung

Mike Schmitzer
Meine total verrückte Welt
ISBN
978-3-86646-746-0
Preis: 14,90 EUR

Christa Vogl
Zwei Pfund Sonne, bitte!
ISBN
978-3-95587-058-4
Preis: 12,90 EUR

Christa Vogl
Ein Funken Wahrheit
ISBN
978-3-95587-028-7
Preis: 9,95 EUR

Rupert Berndl
Stimmt's?
ISBN
978-3-86646-700-2
früher: ~~14,90 EUR~~

Rupert Berndl
Genau a so is
ISBN
978-3-89682-187-4
früher: ~~12,90 EUR~~

Johann Dachs

Tod im Wald
ISBN
978-3-86646-778-1
Preis: 11,90 EUR

Verurteilt und hingerichtet
ISBN
978-3-86646-769-9
Preis: 11,90 EUR

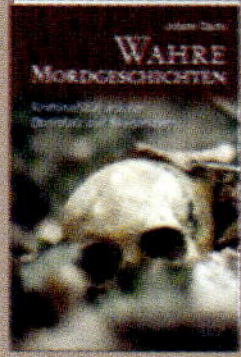

Wahre Mordgeschichten
ISBN
978-3-934863-82-8
Preis: 11,90 EUR

Die Landstorfer Bande
ISBN
978-3-934863-34-7
Preis: 9,90 EUR

Tod durch das Fallbeil
ISBN
978-3-934863-84-2
Preis: 11,90 EUR

Wahre Verbrechen in Franken und Schwaben

Die Motive der Täter und den Tathergang beschreibend, gibt Udo Bürger Einblicke in das soziale und wirtschaftliche Leben des 19. Jahrhunderts und dessen Abgründe. Ein mitreißender Ausflug in die bayerische Kriminalhistorie.

Udo Bürger
Historische Kriminalfälle
in Franken und Schwaben
von 1815 bis 1936
1. Auflage 2018, 272 Seiten,
Format 13,5 x 20,5 cm,
s/w bebildert, Broschur
ISBN 978-3-95587-732-3
Preis: 16,90 EUR

Franz Matzeder – Mörder und Mensch

Nach den Napoleonkriegen Anfang des 19. Jahrhunderts lag das Land wirtschaftlich am Boden. Hunger wurde zur Triebfeder für kriminelle Handlungen. Viele finstere Gestalten wurden seinerzeit wegen Straftaten aktenkundig, aber der gefürchtetste unter ihnen in ganz Altbayern war Matzeder.
Neben unzähligen Raubzügen soll er neun Morde begangen haben. Fred Haller zeichnet ein authentisches Bild dieser außergewöhnlichen Lebensgeschichte.

Fred Haller & Karl Kieslich
Matzeder –
Räuber, Mörder, Delinquent
Altbayern 1810 – 1851
2. Auflage 2018, 192 Seiten,
Format 13,5 x 20,5 cm,
Broschur
ISBN 978-3-95587-733-0
Preis: 14,90 EUR

Oft war es wie im Roman

Mein Schriftstellerleben mit allen Höhen, Tiefen, Verrücktheiten, Erkenntnissen und vielem mehr

Manfred Böckl ist einer der bekanntesten bayerischen Schriftsteller, ein international beachteter Literat, der es seit Jahrzehnten schafft, von seinen Büchern zu leben.
Böckls Lebenserinnerungen lesen sich so spannend, kurzweilig und bereichernd wie ein mitreißender Roman.

Manfred Böckl
Oft war es wie im Roman
1. Auflage 2018, 280 Seiten,
Format 13,5 x 20,5 cm, Hardcover
ISBN 978-3-86646-783-5
Preis: 16,90 EUR

Historische Romane
von Manfred Böckl

Format je 13,5 x 20,5 cm, Hardcover, Preis: 16,90 EUR

Der Uttenschwalb
1. Auflage 2016, 344 S., ISBN 978-3-86646-758-3

König der Wildschützen
2. Auflage 2016, 296 S., ISBN 978-3-86646-743-9

Das Amulett aus Keltengold
1. Auflage 2015, 232 S., ISBN 978-3-86646-702-6

Bischofsmord und Hexenjagd
2. Auflage 2015, 152 S., ISBN 978-3-86646-714-9

Kreuzzug bis ans Höllentor
2. Auflage 2015, 312 S., ISBN 978-3-86646-713-2

Die Leibeigenen
5. Auflage 2015, 208 S., ISBN 978-3-86646-703-3

Die Kaiserhure
3. Auflage 2015, 248 S., ISBN 978-3-86646-704-0

Marion Stadler
Preißnmörder
Ein Altmühltal-Krimi mit Herz
1. Auflage 2019, ca. 250 Seiten,
Format 13,5 x 20,5 cm, Broschur
ISBN 978-3-95587-753-8 · Preis: 16,90 EUR

Zwei verlassene Söhne. Ein Kleinstadt-Mafioso. Und ein Zuagroaster, dem niemand glaubt.

In der kleinen, idyllischen Gemeinde Essing im Altmühltal kennt jeder Betti Bögerl – ihres Zeichens Alkoholikerin, frustriert, einsam und ihrer Sucht erlegen. Ihre verwahrloste Bruchbude ist ein Schandfleck am sonst so adretten Marktplatz. Doch Betti ist das völlig egal. Egal ist ihr auch, dass sie die Hochzeitsvorbereitungen der ohnehin schon stark gestressten Kommissarin Maria „Mary" Spangler stört. Nämlich indem sie ermordet wird.

Vier Männer geraten ins Visier der Ermittlungen – und jeder von ihnen hat ein Motiv. Kann Mary das Geflecht aus Habgier, Rache und Zorn entwirren? Und wer ist der Unbekannte, der die Dorfbewohner zu einer Hetzjagd aufstachelt? In dem Katz- und Mausspiel muss die Kommissarin schließlich erkennen: es haben mehrere Personen Dreck am Stecken – und eine davon steht ihr ziemlich nahe!

Inspiriert von einer wahren Geschichte …

Ein idyllischer Markt im Altmühltal, eine Babyleiche im Altwasser des Rhein-Main-Donaukanals und eine unerfahrene, überforderte Kommissarin …

Marion Stadler
Bayernhymne
Ein Altmühltal-Krimi mit Herz
2. Auflage 2018, 256 Seiten,
Format 13,5 x 20,5 cm, Broschur
ISBN 978-3-95587-707-1
Preis: 16,90 EUR

»Der ideale Begleiter ins Freibad oder in den Urlaub: man liest es wie gefesselt, um zu erfahren, wie es weitergeht. Ein sehr gelungenes Erstlingswerk.«

Stefan Grötsch, Juraland

Verdeckte Ermittlungen in der Oberpfalz

Spektakuläre Rauschgiftfunde, die Verhaftung von bewaffneten Dealern, aber auch gute Kontakte zur Oberpfälzer Rauschgiftszene – das war der Alltag des gebürtigen Schwandorfers Hans Reisky, der ab 1984 als Rauschgiftfahnder und verdeckter Ermittler im K14, dem Kommissariat für Rauschgiftdelikte, arbeitete. Seine Erinnerungen beschreiben die dunklen Seiten Regensburgs und der Oberpfalz, die den meisten Bürgern verborgen bleiben.

Rolf Peter Sloet
Drogenhochburg Oberpfalz
Erinnerungen eines
Regensburger Drogenfahnders
1. Aufl. 2018, 208 S., Format 13,5 x 20,5 cm,
s/w bebildert, Broschur
ISBN 978-3-86646-367-7
Preis: 14,90 EUR

Ein entführtes Mädchen.
Ein spektakulärer Diamantenraub.
Ein Polizist im Wettlauf gegen die Zeit.

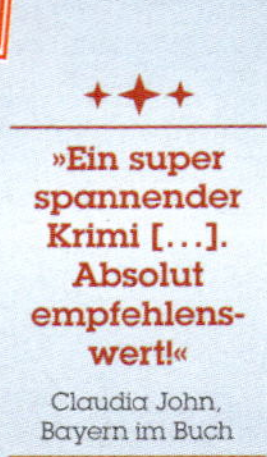

Rolf Peter Sloet · **Tödliche Diamanten**
Regensburg-Krimi
1. Auflage 2017, 360 Seiten,
Format 13,5 x 20,5 cm, Broschur
ISBN 978-3-86646-358-5
Preis: 14,90 EUR

Spannende Kriminalgeschichten aus Regensburg von Rolf Peter Sloet

je 300 Seiten | Format 13,5 x 20,5 cm | Broschur | Preis 14,90 EUR

Regensburg im Fadenkreuz
ISBN
978-3-86646-343-1

Im Schatten des Doms zu Regensburg
ISBN
978-3-86646-325-7

Ein spannender Krimi über Fremde und nie Angekommene

Anke Neder
Zum Sterben braucht man keine Heimat
Bayerwald-Krimi
ISBN
978-3-95587-713-2
Preis: 14,90 EUR

In der Idylle des Bayerwalds werden Jäger zu Gejagten …

Karin Holz
Herbstfinsternis
Bayerwald-Krimi
ISBN
978-3-86646-756-9
Preis: 13,90 EUR

Christina Wagner · **Zuglust** · Oberpfalz-Krimi
2. Auflage 2019, ca. 200 Seiten, Format 13,5 x 20,5 cm, Broschur
ISBN 978-3-95587-065-2
Preis: 14,90 EUR

Packender Heimat-Krimi

mit einem Schuss Erotik

Es ist stickig und schwül im Regionalzug München – Regensburg – Schwandorf – Prag, als die fesche Heidi auf den attraktiven Pavel trifft und sie gemeinsam in Fahrt kommen. Für Heidi ist die Begegnung eine willkommene Abwechslung, doch Pavel verfolgt ganz andere Absichten.

Er arrangiert ein Treffen in Heidis Heimatort Sulzbach-Rosenberg – und der Albtraum beginnt. Um sich aus Pavels Fängen zu befreien, schmiedet Heidi mit ihrer besten Freundin und ihrer Großmutter einen riskanten Plan …

Schwafi
Der Verein, der Metzger und der Tod

ISBN
978-3-95587-710-1
Preis: 13,90 EUR

G-TIN
4018577000046
Preis: 13,90 EUR

ISBN
978-3-95587-716-3
Preis: 13,90 EUR

Sie suchten nach dem ganz besonderen Kick. Und fanden das entsetzliche Grauen.

Hugo Nefe · **Sündige Wandlung**
Bayerwaldkrimi
1. Auflage 2018, 320 Seiten,
Format 13,5 x 20,5 cm, Broschur
ISBN 978-3-95587-734-7
Preis: 16,90 EUR

»Flott geschriebene Melange aus Krimi und Gesellschaftssatire.«
Sonja Ettengruber, STRAUBINGER

Hugo Nefe
Gäubodengschwerl
1. Aufl. 2017, 290 S.,
Format 13,5 x 20,5 cm,
Klappenbroschur
ISBN
978-3-86646-775-0
Preis: 14,90 EUR

»Höchst originell und unterhaltsam.«
Dr. Chr. Riedl-Valder, kunstliteratour.com

- Mini-Krimis so kurz wie ein Gedicht, so spannend wie ein Kriminalroman!
- Wendecover
- Zweisprachig: Deutsch und Englisch
- Empfohlen ab 14 Jahren

Marita A. Panzer
Vogelfrei und mausetot – Dead or alive
Minikrimis – Mini Mysteries
ISBN 978-3-95587-708-8
Preis: 12,90 EUR

Die erfolgreiche Reihe mit Erzählbänden des Schriftstellerverbandes Ostbayern

SCHAURIGES OSTBAYERN

Unheimliche Ereignisse und geheimnisvolle Geschichten

Dreizehn schaurige Geschichten laden ein in die Welt der übernatürlichen Wesen und unerklärlichen Ereignisse. Nirgends kann man sich sicher fühlen, denn losgelassen sind Hexen, Teufel und andere höllische Gestalten. Vorsicht! Gar schaurig geht's zu in ostbayerischen Orten wie Regensburg, Straubing, Cham, Niederalteich, Sulzbach-Rosenberg, in der Landshuter Gegend, im Altmühltal sowie im Gebiet zwischen Vils und Naab.

3. überarbeitete Aufl. 2018, 168 S.
ISBN 978-3-95587-751-4
Preis: 19,90 EUR

MÖRDERISCHES OSTBAYERN

Verbrecherische Gedanken und seltsame Todesfälle

Bei der Suche nach dem „Mörderischen" in unserer Region sind die Autorinnen und Autoren auf erzählenswerte historische Ereignisse gestoßen, die zeigen, wie eiskalt und bestialisch in früheren Jahrhunderten Menschen zu Tode kamen. Aber auch das Gegenwärtige wird beschrieben. Denn das Morden geschah und geschieht immer – mal leise und von der Öffentlichkeit unbemerkt, mal laut und skandalös, so dass sich die Zeitungen damit füllen.

1. Auflage 2018, 248 Seiten
ISBN 978-3-95587-721-7
Preis: 19,90 EUR

PHANTASTISCHES OSTBAYERN

Märchenhafte Geschichten und wundersame Ereignisse

In diesem Buch entführen uns 23 Märchen, Fantasy- und Science-Fiction-Geschichten zu Elfen und Einhörnern, zu Schrazen und Schlossgespenstern, zu Zwergen, Zaubersteinen und Hexenglas; rote und schwarze Drachen kämpfen um die Macht; wir erfahren von Schatzhöhlen und zauberischen Gewässern – und alles geschieht und geschah hier, gleich neben uns in den Wäldern, Städten, Landschaften, Flüssen und Burgen Ostbayerns.

1. Auflage 2017, 216 Seiten
ISBN 978-3-86646-787-3
Preis: 16,90 EUR

Format je 13,5 x 20,5 cm, mit zahlreichen s/w-Abbildungen, Hardcover

Ambrozy, Eichner & Kern
G'heirat werd, hams' gsagt …
Die Landshuter Hochzeit –
Ein modernes Märchen anno 1475
1. Auflage 2017, 104 Seiten,
durchgehend farbig,
Format 20 x 24 cm, Hardcover
ISBN 978-3-86646-790-3
Preis:16,90 EUR

Alfons Schweiggert
Bayerische Märchen
2. Auflage 2016, 344 Seiten,
Format 13,5 x 20,5 cm, mit
Illustrationen von Peter
Mühlbauer, Hardcover
ISBN 978-3-86646-757-6
Preis: 19,90 EUR

Rolf Stemmle
Der Teufel von Stockenfels
Erzählung
1. Auflage 2017, 120 Seiten,
Format 13,5 x 20,5 cm,
Broschur
ISBN 978-3-86646-353-0
Preis: 13,90 EUR

Manfred Böckl
Der Tote am Kalten Baum
Sieben schaurig-schöne
Erzählungen rund um Burgen
in Ostbayern
ISBN 978-3-935719-94-0
früher: ~~16,95 EUR~~

Franz Joseph Vohburger
Die Geisterburg Stockenfels
2. Auflage, 192 Seiten,
Format 13,5 x 20,5 cm,
s/w illustriert, Hardcover
ISBN 978-3-934863-04-0
Preis: 9,90 EUR

Franz Joseph Vohburger
Heimat- und Sagenbuch des Königlich Bayerischen Bezirksamtes Burglengenfeld aus der Zeit um 1900
ISBN 978-3-86646-347-9
Preis: 19,90 EUR

Gabriele Kiesl & Michael Cizek

Magisch-mystische Orte in Niederbayern

»Großformatig und herrlich illustriert, erweist sich dieses Buch mit Schauergeschichten als Schmuckstück eines jeden Bücherregals.«

Sabine Tischhöfer, Bayern im Buch

Mystisches Niederbayern
1. Auflage 2018, 144 Seiten, Format 21 x 28 cm, durchgehend farbig, Hardcover
ISBN 978-3-95587-738-5
Preis: 24,90 EUR

Mit rätselhaften Geschichten und geheimnisvollen Bildern …

… haben Autorin Gabriele Kiesl und Fotokünstler Michael Cizek bereits in ihrem ersten Band „Mystische Oberpfalz" die Leser in ihren Bann gezogen. Nun weiten sie die Liebeserklärung an ihr Heimatland Bayern aus und begeben sich ins benachbarte Niederbayern. Erwarten Sie mit Spannung, welch magisch-mystische Orte die beiden dieses Mal für Sie entdeckt haben und welch rätselhafte Ereignisse sie umgeben. Alle Geschichten werden kombiniert mit beeindruckenden Fotografien, die die unterschiedlichen Begebenheiten nicht nur ausdrucksstark unterstreichen, sondern sogar ihre eigene Geschichte erzählen. Lassen Sie sich ein auf eine unheimliche Welt zwischen Fiktion und Wirklichkeit und erleben Sie die schaurigen Seiten unserer Heimat!

Gefühlvolle Romantic Fantasy verknüpft mit der Sagenwelt des Bayerwaldes!

»Zauberhaft und poetisch.«
Anni-chan lovesbooks

Julia Kathrin Knoll
Elfenblüte

Band 1: Der Wald der Schatten
ISBN 978-3-95587-711-8

Band 2: Das Tor unterm Berg
ISBN 978-3-95587-712-5

jeweils 1. Auflage 2018, ca. 420 Seiten, Format 13,5 x 20,5 cm, Broschur, Preis: 19,90 EUR

Michael Waltinger
Niederbayerische Sagen
5. Aufl. 2017, 232 S., Format 13,5 x 20,5 cm, mit Illustrationen von Peter Mühlbauer, Hardcover
ISBN 978-3-86646-779-8
Preis: 19,90 EUR

Die alte bayerische Sagenwelt erwacht zum Leben …

Hubertus Hinse
Drudenherz
Das Erwachen der Magie
Thriller
1. Auflage 2017, 272 Seiten, Format 13,5 x 20,5 cm, Klappenbroschur
ISBN 978-3-86646-795-8
Preis: 14,90 EUR

Für alle, die gerne zwischen den Zeiten springen …

Hans Irler
Treppe in die andere Zeit
1. Auflage 2018, 288 Seiten, Format 13,5 x 20,5 cm, Broschur
ISBN 978-3-95587-722-4
Preis: 14,90 EUR

Manfred Böckl
Der Mühlhiasl
5. Auflage 2017, 96 Seiten
ISBN 978-3-95587-057-7
Preis: 11,90 EUR

Manfred Böckl
Mühlhiasl
Roman
9. Auflage, 270 Seiten
ISBN 978-3-89682-988-7
Preis: 15,95 EUR

Andreas Zeitler
Die Prophezeiungen des Mühlhiasl
8. Auflage 2016, 64 Seiten
ISBN 978-3-86646-751-4
Preis: 7,90 EUR

Manfred Böckl
Prophezeiungen zum Dritten Weltkrieg
2. Auflage 2018, 136 Seiten
ISBN 978-3-95587-718-7
Preis: 13,90 EUR

Manfred Böckl
Prophet der Finsternis
Leben und Visionen des Alois Irlmaier
4. Auflage 2018, 304 Seiten
ISBN 978-3-86646-793-4
Preis: 16,90 EUR

Egon M. Binder
Alois Irlmaier 1894–1959
Der Seher von Freilassing – Prophezeiungen
2. Auflage 2017, 72 Seiten
ISBN 978-3-86646-781-1
Preis: 9,90 EUR

Heimat battenberg gietl verlag

Battenberg Gietl Verlag GmbH
Pfälzer Straße 11 · D-93128 Regenstauf
Telefon: 0 94 02/93 37-0 · Fax: 0 94 02/93 37-24
E-Mail: info@battenberg-gietl.de · www.battenberg-gietl.de

Folgen Sie uns auch auf Facebook, Instagram und Pinterest!